古文觀止

冊三

〔清〕吴楚材　吴調侯　編著

北京聯合出版公司

古文觀止

三冊

〔清〕吳楚材 吳調侯 編著

北京聯合出版公司

魯仲連義不帝秦《戰國策》

題解　前二五八年，秦軍包圍趙都邯鄲。趙求救于魏，而魏懼怕秦國，遲遲不敢出兵，並派辛垣衍勸趙尊秦爲帝。危急關頭，魯仲連挺身而出，向辛垣衍陳述了尊秦爲帝的害處，勸説他應聯合抗秦，説服了辛垣衍，解了趙國之圍。魯仲連立功後不貪名利，爲人傳頌。

原文　秦圍趙之邯鄲①，魏安釐王使將軍晉鄙救趙，畏秦，止于蕩陰②，不進。

魏王使客將軍辛垣衍間入邯鄲，因平原君③謂趙王曰：「秦所以急圍趙者，前與齊閔王爭強爲帝，已而復歸帝，以齊故。今齊閔王益弱，方今唯秦雄天下，此非必貪邯鄲，其意欲求爲帝。趙誠發使尊秦昭王爲帝，秦必喜，罷兵去。」平原君猶豫未有所決。

吳楚材、吳調侯：敘趙事，爲仲連也。然難于插入，故借平原君作一頓，便可插入仲連矣。

此時魯仲連適遊趙，會秦圍趙。聞魏將欲令趙尊秦爲帝，乃見平原君曰：「事將奈何矣？」平原君曰：「勝也何敢言事！百萬之衆折

于外，今又內圍邯鄲而不去。魏王使客將軍辛垣衍令趙帝秦，今其人在是。勝也何敢言事！」魯連曰：「始吾以君爲天下之賢公子也，吾乃今然後知君非天下之賢公子也。梁客辛垣衍安在？吾請爲君責而歸之！」平原君曰：「勝請召而見之于先生。」平原君遂見辛垣衍曰：「東國有魯連先生，其人在此，勝請爲紹介而見之于將軍。」辛垣衍曰：「吾聞魯連先生，齊國之高士也。衍，人臣也，使事有職，吾不願見魯連先生也。」平原君曰：「勝已泄之矣。」辛垣衍許諾。

吳楚材、吳調侯：衍不願見魯連，亦知帝秦之説，不足入高士之耳。

魯連見辛垣衍而無言。辛垣衍曰：「吾視居此圍城之中者，皆有求于平原君者也。今吾視先生之玉貌，非有求于平原君者，曷爲久居此圍城之中而不去也？」魯連曰：「世以鮑焦④無從容而死者，皆非也。今衆人不知，則爲一身。彼秦，棄禮義、上首功⑤之國也。權使其士，虜使其民，彼則肆然而爲帝，過而遂正于天下。則連有赴東海

吳楚材、吳調侯：衍口中脫出一畏字，本懷已露，故使仲連得入。

而死耳，吾不忍爲之民也！所爲見將軍者，欲以助趙也。」辛垣衍曰：「先生助之奈何？」魯連曰：「吾將使梁⑥及燕助之，齊、楚固助之矣。」辛垣衍曰：「燕則吾請以從矣。若乃梁，則吾乃梁人也，先生惡能使梁助之耶？」魯連曰：「梁未睹秦稱帝之害故也，使梁睹秦稱帝之害，則必助趙矣。」辛垣衍曰：「秦稱帝之害，將奈何？」魯仲連曰：「昔齊威王嘗爲仁義矣，率天下諸侯而朝周。周貧且微，諸侯莫朝，而齊獨朝之。居歲餘，周烈王崩，諸侯皆弔，齊後往，周怒，赴于齊曰：『天崩地坼，天子下席。東藩之臣田嬰齊，後至則斮⑦之。』威王勃然怒曰：『叱嗟！而母，婢也！』卒爲天下笑。故生則朝周，死則叱之，誠不忍其求也。彼天子固然，其無足怪。」

辛垣衍曰：「先生獨未見夫僕乎？十人而從一人者，寧力不勝、智不若耶？畏之也。」魯仲連曰：「然梁之比于秦若僕耶？」辛垣衍

曰：「然。」魯仲連曰：「然則吾將使秦王烹醢⑧梁王。」辛垣衍怏然不說，曰：「噫！亦太甚矣，先生之言也！先生又惡能使秦王烹醢梁王？」魯仲連曰：「固也。待吾言之：昔者鬼侯、鄂侯、文王，紂之三公也。鬼侯有子而好，故入之于紂。紂以爲惡，醢鬼侯。鄂侯爭之急，辨之疾，故脯鄂侯。文王聞之，喟然而嘆，故拘之于牖里之庫百日⑨，而欲令之死。曷爲與人俱稱帝王，卒就脯醢之地也？

「齊閔王將之魯，夷維子執策而從，謂魯人曰：『子將何以待吾君？』魯人曰：『吾將以十太牢待子之君。』夷維子曰：『子安取禮而來待吾君？彼吾君者，天子也。天子巡狩，諸侯避舍，納筦鍵，攝衽抱几，視膳于堂下，天子已食，退而聽朝也。』魯人投其鑰，不果納。不得入于魯。將之薛，假途于鄒。當是時，鄒君死。閔王欲入弔。夷維子謂鄒之孤曰：『天子弔，主人必將倍⑩殯柩，設北面于南方，

吳楚材、吳調侯：責以大義，則不動，言及利害切身，則遽起拜謝。策士每篇身謀，而不顧大義如此。

然後天子南面弔也。』鄒之群臣曰：『必若此，吾將伏劍而死。』故不敢入于鄒。鄒魯之臣，生則不得事養，死則不得飯含，然且欲行天子之禮于鄒、魯之臣，不果納。今秦萬乘之國，梁亦萬乘之國，交有稱王之名，睹其一戰而勝，欲從而帝之，是使三晉⑪之大臣，不如鄒、魯之僕妾也。

「且秦無已而帝，則且變易諸侯之大臣，彼將奪其所謂不肖，而予其所謂賢；奪其所憎，而予其所愛；彼又將使其子女讒妾，爲諸侯妃姬，處梁之宮，梁王安得晏然而已乎？而將軍又何以得故寵乎？」

于是辛垣衍起，再拜，謝曰：「始以先生爲庸人，吾乃今日而知先生爲天下之士也！吾請去，不敢復言帝秦。」

秦將聞之，爲卻軍五十里。適會公子無忌奪晉鄙軍，以救趙擊秦，秦軍引而去。

于是平原君欲封魯仲連。魯仲連辭讓者三，終不肯受。平原君乃置酒，酒酣，起，前，以千金爲魯連壽。魯仲連笑曰：「所貴于天下之士者，爲人排患釋難，解紛亂，而無所取也。即有所取者，是商賈之人也，仲連不忍爲也。」遂辭平原君而去，終身不復見。

注釋

①邯鄲：趙國都城，在今河北邯鄲西南。②蕩陰：地名，位于趙魏兩國交界處，今河南湯陰。③平原君：趙勝，封號平原君，當時爲趙相。④鮑焦：春秋時隱士，據説他抱樹餓死。⑤上首功：崇尚斬首之功。⑥梁：魏國。魏惠王于前三六二年徙都大梁，故魏又稱梁。⑦斮：斬。⑧烹醢：古代的兩種酷刑。烹，下油鍋。醢，剁成肉醬。⑨牖里：也作羑里，地名，在今河南湯陰北。庫：監牢。⑩倍：通「背」。⑪三晉：指魏、趙、韓三國，是春秋時的晉國分裂而成。

譯文

秦國包圍了趙都邯鄲，魏安釐王派大將晉鄙將軍援救趙國，晉鄙畏懼秦軍，駐扎在蕩陰，不敢前進。

魏王又派客將軍辛垣衍從小路潛入邯鄲，通過平原君對趙王說：「秦國之所以加緊攻打趙國，從

前秦王與齊王爭強稱帝，後來去掉帝號，是因爲齊國不稱帝了。如今，齊國日漸衰弱，衹有秦國能夠稱雄；可見，秦國不是爲了奪取邯鄲之地，是打算稱帝。如果趙國眞能派遣使者尊崇秦昭王爲帝，秦國必然歡喜，這樣秦兵就會撤走。」平原君很猶豫，沒有決定。

這個時候，魯仲連恰巧來到趙國，正碰上秦軍圍攻邯鄲。他聽說魏國想要讓趙國擁戴秦王爲帝，就去見平原君說：「事情怎樣處理？」平原君回答說：「我趙勝如何敢談戰事！趙國的百萬大軍戰敗于外，秦軍現在又深入趙國，圍住邯鄲而不撤兵。魏王派客將軍辛垣衍讓趙王尊秦爲帝，現在辛將軍就在邯鄲。我還怎麼談論國事！」魯仲連說：「剛開始我一直以爲您是諸侯國中的賢明公子，今天我才知道您並不賢明。魏國那位叫辛垣衍的客人在哪裏？請讓我爲您當面去斥責他，讓他回去。」平原君說：「那我就請他來和您見面吧。」平原君就去見辛垣衍，說：「齊國有位魯仲連先生，正在這裏，我把他介紹給您，讓他來見您。」辛垣衍說：「我聽說過魯仲連先生，他是齊國的人。而我辛垣衍是魏王的臣子，此次出使是擔負着重要職責的，我不想見魯先生。」平原君說：「我已經把你在這裏的消息告訴他了。」辛垣衍答應了。

魯仲連見到辛垣衍後，沒有開口。辛垣衍說：「據我看，居住在這個被圍困的都城中的人，都是

有求于平原君的。而我見到先生的相貌，不像是有求于平原君的人，爲什麼久留在這個圍城之中而不離開呢？」魯仲連說：「世上認爲鮑焦是不能自我寬容而死去的人，都錯了。現在一般人不瞭解原因，認爲他是爲了自己。那秦國，是一個拋棄了仁與禮而崇尚殺的國家。以權術利用臣下，像奴隸一樣役使它的百姓，如果讓秦國放肆地稱帝，甚至號令天下。那麼我魯仲連衹有跳東海自殺了，我不能容忍做秦國的百姓！我來見將軍，衹是想幫助趙國。」辛垣衍問：「先生將怎樣幫助趙國呢？」魯仲連說：「我要讓魏國和燕國發兵救趙，齊、楚兩國本來就會幫助它的。」辛垣衍說：「燕國麼，我倒是相信它會聽從您的。至于魏國，我就是剛從魏國來的，您怎麼能使魏國幫助趙國呢？」魯仲連說：「魏國還沒有看到秦國稱帝的危害，如果魏國明白這一點，一定會救助趙國。」辛垣衍又問：「秦國稱帝究竟會有怎樣的危害呢？」魯仲連說：「當初齊威王曾講求仁義，率領各諸侯國去朝見周天子。當時的周王室貧窮衰弱，諸侯們不去朝見，衹有齊國朝見他。一年多後，周烈王死了，各諸侯國都去弔喪，齊國去晚了，周國生氣了，在給齊國的訃告裏說：『天子駕崩，如同天塌地陷，新天子都親自守喪。而戍守衛東部邊防的齊國的田嬰竟敢遲到，該殺。』齊威王大怒，竟然罵道：『叱！你媽衹是個丫頭而已！』

結果成了天下的笑柄。活着的時候去朝見，死後卻辱罵他，實在是因爲忍受不了周室的苛求啊。然而天子本就如此，沒有什麼奇怪的。」

辛垣衍說：「您難道沒有見過奴僕嗎？十個僕人聽從一個主子，難道是因爲力量和智慧都勝不過嗎？衹是由于懼怕呀。」魯仲連問：「那麼魏國和秦國的關係就像是僕人與主子的關係了？」辛垣衍回答：「是。」魯仲連問：「那麼我就可以讓秦王把魏王煮了。」辛垣衍有些生氣地說：「咳！先生的話太過分了，您又怎麼能讓秦王把魏王煮了呢？」魯仲連說：「當然可以。等我說：從前，鬼侯、鄂侯、文王是商紂王的三個諸侯。鬼侯有個女兒很漂亮，把她送進紂的後宮，紂卻認爲她醜，就把鬼侯剁成肉醬。鄂侯極力爲鬼侯辯護，被紂王殺死制成肉乾。文王聽說後，長聲嘆息，紂王就把文王拘禁在牖里的庫房裏一百天，還要處死他。爲什麼一樣稱王稱帝，最後卻被人制成肉醬、肉乾呢？

「齊閔王準備去魯國，夷維子爲隨從駕車，問魯國人：『您打算怎樣接待我的國君呢？』魯國人回答：『我們準備用十太牢的規格來接待貴國國君。』夷維子說：『您怎麼能用這樣的禮節來接待我們的國君呢？我們的國君是天子。天子四處視察，諸侯要離開自己的宮室避讓，到別處居住，自己提起衣襟，捧着几案，在堂下侍候天子吃飯，天子吃完飯，諸侯才能退回聽政。』魯國立刻關門上鎖，不讓他們進城。齊王又準備到薛地去，向鄒國借路。恰巧在此時，鄒國國君死了。齊閔王想入城弔喪，夷維子對鄒國的孝子說：『天子來弔喪，主人一定要把靈柩掉轉方向，在南邊設立朝北的靈堂，然後天子面向南祭弔。』鄒國的大臣們說：『如果一定要這樣，我們就衹有以死抗爭了。』所以，齊閔王不敢進入鄒城。魯國和鄒國的臣子，君主生時不能親身侍奉，死後又不能很好地安葬，然而當齊王讓他們對其行天子之禮時，他們也都決不接受。現在秦國是擁有兵車萬輛的大國，魏國也是擁有兵車萬輛的大國，彼此都有稱王的名分，僅僅看到秦國打了一次勝仗，就要擁它爲帝，如此，趙、韓、魏的大臣還不如鄒、魯二國的大臣啊。

「況且秦國若能毫無阻礙地稱帝，會馬上更換各諸侯國的大臣們，他們將撤換他們認爲無能的臣子，把職務授予他們認爲有才能的人；剝奪他們所憎恨的人，把職務授予他們親近的人；還會以他們的女兒和那些善于毀賢嫉能的女人做諸侯的妃子，日夜讒毀，這樣的女人住在魏王的宮中，魏王還能安然地生活嗎？將軍您又怎麼能像原來那樣受寵呢？」

于是，辛垣衍站起身來，拜了兩拜，向魯仲連道歉說：「起初我以爲先生是個平庸之輩，如今我

才知道先生是天下的高人啊！請讓我離開這裏，不敢再說尊秦爲帝的事了。」

秦國的將軍得知此事後，把圍困邯鄲的部隊撤退了五十里。恰巧魏國的公子無忌奪取了晉鄙的兵權，率軍來救趙，進攻秦軍，秦軍就撤離了邯鄲。

這時，平原君要封賞魯仲連。魯仲連再三辭讓，始終不肯接受。平原君就宴請他，酒喝到暢快的時候，平原君站起身來，獻上千金爲魯仲連祝福。魯仲連笑道：「天下之士的可貴之處，是替人排除憂患，消除危難，排解糾紛而不索取回報。假若收取報酬，就和商人沒有什麼區別了，我魯仲連不忍心做這樣的事。」于是辭平原君而去，終身不再露面。

魯共公擇言《戰國策》

題解

本文記述了魯共公在梁惠王所設宴席上做的一番即興演講，意在勸告梁惠王不可以沉湎于美酒、美食、美色、美景之中，以免國破家亡。梁惠王聽得心悅誠服，連連稱好，表現了諸侯國之間的和諧關係。

原文

梁王魏嬰觴諸侯于范臺①。酒酣，請魯君②舉觴。魯君興，避席③擇言曰：「昔者，帝女令儀狄④作酒而美，進之禹，禹飲而甘之，遂疏儀狄，絕旨酒，曰：『後世必有以酒亡其國者』。齊桓公夜半不嗛⑤，易牙⑥乃煎熬燔炙，和調五味⑦而進之，桓公食之而飽，至旦不覺，曰：『後世必有以味亡其國者。』晉文公得南之威⑧，三日不聽朝，遂推南之威而遠之，曰：『後世必有以色亡其國者。』楚王登強臺而望崩山⑨，左江而右湖，以臨彷徨，其樂忘死，遂盟強臺而弗登，曰：『後世必有以高臺陂池⑩亡其國者。』今主君主尊⑪，儀狄之酒也；主君之味，易牙之調也；左白臺而右閭須⑫，南威之美也；前夾林而後蘭臺⑬，強臺之樂也。有一于此，足以亡其國。今主君兼此四者，可無戒與！」梁王稱善相屬⑭。

吳楚材、吳調侯：當戒者一。是正文。下連類及之。

注釋

①梁王魏嬰觴諸侯于范臺：這句話的意思是說梁王在范臺宴請諸位諸侯。當時魏國強盛，魏惠王十四年，魯、宋、衛、韓來朝。梁王，梁惠王；觴，酒樽，這裏指飲請；范

臺，遺跡在今開封市。②魯君：魯共公，即魯恭侯。③避席：離座。古人席地而坐，爲表示敬意，離座起立，稱爲避席。④帝女：這裏指堯、舜的女兒。儀狄：人名。晉張華《博物志》稱系禹時人，善于造酒。⑤嗛：通「慊」，滿足，舒服。⑥易牙：雍巫，字易牙，長于調味，非常得桓公親幸，桓公死後，曾作亂。⑦五味：指甜、酸、苦、辣、咸五種味道。⑧南之威：古代一個有名的美女，也稱「南威」。⑨强臺：又叫「章華臺」，楚靈王所建造，在今湖北監利縣西北。崩山：在今湖北省京山縣東。⑩高臺陂池：指園林建築，遊樂場所。陂池，池塘。⑪主君：對國君的尊稱。尊：同「樽」，一種酒器。⑫白臺、閭須：都是美女的名字。⑬夾林、蘭臺：都是魏國的園林建築。⑭相屬：相連，接連不斷。

譯文　梁惠王魏嬰在范臺上宴請諸位諸侯。酒喝到盡興的時候，梁惠王請魯共公舉起酒杯祝酒。魯共公起身，離開座位，選擇好聽的話說：「從前，帝堯的女兒讓儀狄釀酒，儀狄釀出來的酒非常甜美，于是他就把美酒獻給了大禹，大禹喝了之後感覺酒非常甘甜，于是就對儀狄疏遠了，把美酒也戒絕了，大禹說：『後世肯定會有因爲貪戀美酒而喪失國家的君主』。齊桓公半夜裏感到肚子餓，于是易牙經過煎、熬、烤、熏，調制出各種美味，然後把它進獻給齊桓公，桓公吃得非常舒服，結果，一覺睡到第二天早上還沒有醒來，他感嘆道：『後世肯定會有因爲貪戀美味而喪失國家的君主。』晉文公娶到美女南之威，連續三日不上朝聽政，于是推開南之威，並且疏遠了她，晉文公說：『後世肯定會有因爲貪戀美色而喪失國家的君主。』楚昭王登上强臺，遠眺崩山，看到左邊是長江，右邊是洞庭湖，居高臨下，以至于流連忘返，快樂忘形，于是就在强臺上發誓永遠不再登臨這個地方，他說：『後世肯定會有因爲貪戀美景而喪失國家的君主。』現在君王您的酒樽裏，裝的是跟儀狄所釀之酒一樣甘美的酒；爲你做飯的，是易牙一樣的烹調高手；身邊的白臺、閭須都是南之威那樣的美女；周圍的夾林、蘭臺，都是强臺那樣的美景勝地。這四者，如果貪戀其中的一者，就足以能夠喪失國家。現在您同時具備四者，能不產生警惕嗎！」梁惠王對他的這一番委婉的規勸之言連連稱贊。

唐雎說信陵君《戰國策》

題解　信陵君奪晉鄙兵權，解了趙國邯鄲之圍，趙王將親自到郊外迎接信陵君。這時，唐雎告誡信陵君，不要因此而驕傲，應記住別人對自己之恩，忘掉自己對他人之恩。

吳楚材、吳調侯：陡下四語，無頭無尾，奇絕。

原文

信陵君殺晉鄙①，救邯鄲，破秦人，存趙國，趙王②自郊迎。唐雎③謂信陵君曰：「臣聞之曰：事有不可知者，有不可不知者；有不可忘者，有不可不忘者。」信陵君曰：「何謂也？」對曰：「人之憎我也，不可不知也；我憎人也，不可得而知也。人之有德于我也，不可忘也；吾有德于人也，不可不忘也。今君殺晉鄙，救邯鄲，破秦人，存趙國，此大德也。今趙王自郊迎，卒④然見趙王，願君之忘之也。」信陵君曰：「無忌謹受教。」

注釋

①信陵君：魏無忌，魏昭王之子。晉鄙：魏將。秦國圍趙，魏派晉鄙率兵救趙，晉鄙畏縮不敢前，被無忌所殺。②趙王：趙孝成王。③唐雎：魏國人，信陵君的門客。④卒：同「猝」，突然。

譯文

魏國的信陵君殺了晉鄙，奪了兵權，解救了邯鄲，擊破了秦軍，保住了趙國，趙王親到郊外去歡迎他。唐雎對信陵君說：「我聽到有句俗話說：事情有不可知的，有不可不知的；有不可以忘記的，有不可不忘記的。」信陵君問道：「這是何意呢？」唐雎回答說：「人家厭惡我的事，不可不知；我厭惡別人，卻不應讓他得知。別人對我有恩的事，不應忘記；我對別人有恩，卻不應不忘記。如今您殺晉鄙，救邯鄲，打敗秦軍，保住了趙國，這是大恩。現在趙王親自到郊外來迎接您，很快就見到趙王，我希望您忘掉這事。」信陵君說：「無忌一定牢記您的指教。」

唐雎不辱使命 《戰國策》

題解

魏國滅亡後，秦王嬴政妄圖以欺騙的手段滅掉魏的屬國安陵。安陵君拒絕了秦王的要求，並派唐雎出使秦國。唐雎以非凡的膽識與智慧，與秦王當面展開辯論，最終使秦王敬服。

吳楚材、吳調侯：設言易之，實則奪之，秦人常套。

原文

秦王使人謂安陵君①曰：「寡人欲以五百里之地易安陵②，安陵君其許寡人！」安陵君曰：「大王加惠，以大易小，甚善。雖然，受地于先王，願終守之，弗敢易。」秦王不說。安陵君因使唐雎③使于秦。

秦王謂唐雎曰：「寡人以五百里之地易安陵，安陵君不聽寡人，

吴楚材、吴調侯：言以秦爲不能去安陵而輕之。

何也？且秦滅韓亡魏，而君以五十里之地存者，以君爲長者，故不錯意④也。今吾以十倍之地請廣于君，而君逆寡人者，輕寡人歟？」唐雎對曰：「否！非若是也。安陵君受地于先王而守之，雖千里不敢易也，豈直五百里哉！」

秦王怫然⑤怒，謂唐雎曰：「公亦嘗聞天子之怒乎？」唐雎對曰：「臣未嘗聞也。」秦王曰：「天子之怒，伏屍百萬，流血千里。」唐雎曰：「大王嘗聞布衣之怒乎？」秦王曰：「布衣之怒，亦免冠徒跣⑥，以頭搶地耳。」唐雎曰：「此庸夫之怒也，非士之怒也。夫專諸之刺王僚也⑦，彗星襲月；聶政之刺韓傀也⑧，白虹貫日；要離之刺慶忌⑨也，蒼鷹擊于殿上。此三子皆布衣之士也，懷怒未發，休祲⑩降于天，與臣而將四矣。若士必怒，伏屍二人，流血五步，天下縞素，今日是也。」挺劍而起。秦王色撓⑪，長跪⑫而謝之曰：「先生坐，何至于此！寡人諭矣：夫韓、魏滅亡，而安陵以五十里之地存者，徒以有先生也。」

注釋

①秦王：秦始皇嬴政，其時尚未稱帝。安陵君：戰國時魏襄王曾封其弟爲安陵君。此爲安陵君後裔。②安陵：魏的附庸小國，在今河南鄢陵西北。③唐雎：魏國人。④錯意：放在心上。錯，通「措」。⑤怫然：忿然的樣子。⑥徒跣：光着脚。⑦專諸：春秋時吳國勇士。王僚：春秋時吳王壽夢第三個兒子夷昧之子，名僚。壽夢長子諸樊之子公子光（即後來的闔閭）與之爭奪王位，派專諸將短劍藏在魚腹中，借獻食的機會，刺死王僚，專諸也被殺。⑧聶政：戰國時勇士。韓傀：韓國的相。韓國大夫嚴仲子和韓傀有仇，聶政便替嚴仲子刺死韓傀，自己毀容自殺。⑨要離：春秋時吳國勇士。慶忌：吳王僚之子。吳王闔閭殺死吳王僚後，慶忌出逃至衛國。要離便假裝得罪吳王，逃歸慶忌，並取得信任，尋機殺死慶忌，然後伏劍自盡。⑩休祲：休，吉兆；祲，凶兆。⑪色撓：臉色沮喪下來。⑫長跪：雙膝跪地，直腰挺立，臀部離開脚後跟，以示鄭重。

譯文

秦王嬴政派人對安陵君說：「我要用方圓五百里的土地交換安陵，安陵君應該答應！」安陵君說：「大王給我恩惠，用大的換小的，很好。雖然如此，但我從先王那裏繼承了封地，願意永遠

守衛它，不敢交換。」秦王不高興。安陵君因此派唐雎出使秦國。

秦王對唐雎說：「我用五百里的土地交換安陵，安陵君不聽從，爲什麼呢？況且秦國滅掉韓國和魏國，然而安陵君卻憑借五十里的土地幸存，是我把安陵君當作老實人，未加注意。現在我用十倍的土地，擴大安陵君的領土，但他卻拒絶了，難道不是輕視我嗎？」唐雎回答說：「不！並非如此。安陵君從先王那裏接受土地並且保衛它，即使是方圓千里的土地也不敢交換，何況衹有五百里？」

秦王大怒，對唐雎說：「您也曾聽說過天子發怒嗎？」唐雎回答說：「不曾聽說」。秦王說：「天子發怒，使百萬屍體倒下，血流千里。」唐雎說：「大王曾經聽說過老百姓發怒嗎？」秦王說：「百姓發怒，也不過是摘掉帽子光着腳，用頭撞地而已。」唐雎說：「這是平庸之人發怒，不是有膽識的人發怒。從前，專諸刺殺王僚時，彗星的光芒衝擊了月亮；聶政刺殺韓傀的時候，白色的雲氣横貫太陽；要離刺殺慶忌的時候，蒼鷹突然撲擊到朝堂上。這三個人都是百姓，心裏的怒氣還沒發作，上天就降下了禍福的徵兆，現在，加上我將要成爲四個人了。有膽識的人眞要發怒，倒在地上的屍體衹有兩個，血衹流五步遠，可是全國人民要穿孝服，今天就是這樣。」于是拔劍站在秦王面前。秦王的臉色馬上和緩了，直挺挺地跪着向唐雎道歉說：「先生請坐，爲什麼會到這個地步呢！我明白了：韓、魏滅亡，安陵卻憑五十裏的土地幸存，衹是因爲有先生啊。」

樂毅報燕王書《戰國策》

題解　燕昭王任命樂毅爲上將軍，率領五國的軍隊打敗齊軍。後樂毅攻莒、即墨，數年不破。燕昭王死，惠王繼位，中了齊國的反間計，不信任樂毅，派騎劫替换他，于是樂毅去了趙國。齊人打敗燕軍，殺死騎劫。燕王却派人指責樂毅忘恩負義，樂毅回此信，表明自己不會做出背叛燕國的事情。

原文　昌國君樂毅①爲燕昭王合五國之兵而攻齊，下七十餘城，盡郡縣之以屬燕。三城未下，而燕昭王死。惠王即位，用齊人反間，疑樂毅，而使騎劫②代之將。樂毅奔趙，趙封以爲望諸君③。齊田單④詐騎劫，卒敗燕軍，復收七十餘城以復齊。

吳楚材、吳調侯：一段，敘事簡括。

燕王悔，懼趙用樂毅乘燕之敝以伐燕。燕王乃使人讓⑤樂毅，且

謝之曰：「先王舉國而委將軍，將軍爲燕破齊，報先王之讎，天下莫不振動，寡人豈敢一日而忘將軍之功哉！會先王棄群臣，寡人新即位，左右誤寡人。寡人之使騎劫代將軍，爲將軍久暴露于外，故召將軍，且休計事。將軍過聽，以與寡人有隙，遂捐燕而歸趙。將軍自爲計則可矣，而亦何以報先王之所以遇將軍之意乎？」

望諸君乃使人獻書報燕王曰：「臣不佞，不能奉承先王之教，以順左右之心，恐抵斧質之罪[6]，以傷先王之明，而又害于足下之義，故遁逃奔趙。自負以不肖之罪，故不敢爲辭說。今王使使者數之罪，臣恐侍御者之不察先王之所以畜幸臣之理，而又不白于臣之所以事先王之心，故敢以書對。

「臣聞賢聖之君，不以祿私其親，功多者授之；不以官隨其愛，能當者處之。故察能而授官者，成功之君也；論行而結交者，立名之

士也。臣以所學者觀之，先王之舉措，有高世之心，故假節[7]于魏王，而以身得察于燕。先王過舉，擢之乎賓客之中，而立之乎群臣之上，不謀于父兄，而使臣爲亞卿[8]。臣自以爲奉令承教，可以幸無罪矣，故受命而不辭。

「先王命之曰：『我有積怨深怒于齊，不量輕弱，而欲以齊爲事。』臣對曰：『夫齊，霸國之餘教，而驟勝之遺事也。閑[9]于甲兵，習于戰攻。王若欲伐之，則必舉天下而圖之。舉天下而圖之，莫徑于結趙矣；且又淮北、宋地，楚、魏之所同願也。趙若許約，楚、魏盡力，四國攻之，齊可大破也。』先王曰：『善！』臣乃口受令，具符節，南使臣于趙，顧反命，起兵隨而攻齊。以天之道，先王之靈，河北之地，隨先王舉而有之于濟[10]上。濟上之軍，奉令擊齊，大勝之。輕卒銳兵，長驅至國，齊王逃遁走莒[11]，僅以身免。珠玉財寶、車甲珍器，

盡收入燕，大呂陳于元英，故鼎返乎歷室，齊器設于甯臺，薊丘之植⑫，植于汶篁⑬。自五伯以來，功未有及先王者也。先王以爲順于其志，以臣爲不頓命，故裂地而封之，使之得比乎小國諸侯。臣不佞，自以爲奉令承教，可以幸無罪矣，故受命而弗辭。

「臣聞賢明之君，功立而不廢，故著于春秋；蚤知之士，名成而不毀，故稱于後世。若先王之報怨雪恥，夷萬乘之強國，收八百歲之蓄積，及至棄群臣之日，遺令詔後嗣之餘義。執政任事之臣，所以能循法令，順庶孽者⑭，施及萌隸⑮，皆可以教于後世。

「臣聞善作者不必善成，善始者不必善終。昔者伍子胥說聽乎闔閭，故吳王遠跡至于郢，夫差弗是也，賜之鴟夷⑯而浮之江。故吳王夫差不悟先論之可以立功，故沈子胥而弗悔。子胥不蚤見主之不同量，故入于江而不改。

「夫免身全功以明先王之跡者，臣之上計也；離⑰毀辱之非，墮先王之名者，臣之所大恐也；臨不測之罪，以幸爲利者，義之所不敢出也。

「臣聞古之君子，交絕不出惡聲；忠臣之去也，不潔其名。臣雖不佞，數奉教于君子矣。恐侍御者之親左右之說，而不察疏遠之行也，故敢以書報，唯君之留意焉！」

注釋

①樂毅：戰國時燕將。燕昭王時任亞卿，前二八四年率燕軍破齊，封爲昌國君。②騎劫：燕將。③望諸君：趙國給樂毅的封號。④田單：戰國時齊人。因用反間計使樂毅奔趙，又擊敗騎劫，收復齊地而被齊襄王任爲相國。⑤讓：責怪。⑥斧質之罪：殺身之罪。斧質，斬人刑具。⑦節：外交使臣所持符節。⑧亞卿：官名，地位僅次于上卿。⑨閑：通「嫻」，熟練。⑩濟：濟水，古時與淮、河、江並稱四瀆。發源于河南，其故道經山東，與黃河並行入海。⑪莒：地名，在今山東莒縣。⑫薊丘：燕都，在今北京。植：旗杆。這裏代指旗幟。⑬汶：齊國水名，即今山東大汶河。篁：種竹的田。⑭庶孽：庶子，指妾所生的兒子。⑮萌隸：百姓。

⑯鴟夷：皮革制的口袋。⑰離：通「罹」，蒙受。

譯文

昌國君樂毅爲燕昭王聯合五國的軍隊攻打齊國，攻下七十多座城池，全部劃爲郡縣，歸屬燕國。還有三座城池沒有拿下，而燕昭王死了。惠王即位，誤信齊人的離間，懷疑樂毅，就派騎劫代他統軍。樂毅逃到趙國，趙國封他爲望諸君。齊國的田單對騎劫施展計謀，最後打敗燕國軍隊，收復齊國七十多城的領土。

燕王後悔了，擔心趙國起用樂毅，趁燕國疲乏來討伐燕國。就派人責備樂毅，又向他謝罪道：「先王將全國委托給將軍，將軍爲燕國攻破齊國，報了先王的仇，天下無不振動，我哪裏會有一天忘記了將軍的功勞呢！正當先王去世，我剛剛即位，左右的臣子誤導我，我才派騎劫去替將軍的，爲的是長期風餐露宿，所以召將軍回來，一邊休息一邊議事。將軍你誤聽謠言，而認爲我懷疑您，就拋棄燕國投奔趙國。將軍爲自己考慮這樣做是應該的，但又如何報答先王對您的知遇之情呢？」

望諸君便派人送信給燕王說：「我不聰明，不能奉行先王的教誨，來順應您左右官員的心，害怕犯下受斧質刑的罪，就傷害了先王的英明，又傷害了您的道義，所以逃奔到趙國。自己來承擔不賢的罪名，因此不敢辯解。現在國王您派使者來數説我的罪行，我怕您身邊的人不瞭解先王之所以重用我的道理，又表達不清我之所以侍奉先王的眞心，所以斗膽用書信回答。

「我聽說聖賢的君王，不用俸祿私自照顧他親信的人，功勞多的就給他；不將官爵隨便給他所喜愛的人，讓能力合格的人呆在那位子上。所以瞭解能力而授予官職的人，是成功的君王；依照品行而結交朋友的，是樹立名望的人士。據我的所學來看，先王的措施，有高于世事的心志，所以我借着魏王的符節出使燕國，而得到燕王的賞識。先王抬舉，將我在賓客中選拔出來，安排在群臣之上，先王不和父兄商量，就讓我成爲亞卿。我自己覺得聽從命令接受教誨，可以僥幸不犯錯，所以接受命令不推辭。

「先王命令說：『我對齊國有深仇，不考慮自己實力的弱小，就是希望進攻齊國。』我回答說：『齊國，有帝國的遺風。有多次勝利的戰績，熟習軍事，經常練習進攻作戰。君王如果想討伐它，就必須發動天下的力量來謀劃。最直接的辦法莫過于結交趙國；況且齊的淮北、宋地，是楚國、魏國都希望得到的。趙國如果答應結盟，楚國、魏國都會盡力，四國攻打它，可以大破齊國啊。』先王說：『好！』

我便接受口令，準備好符節，向南出使趙國，回國復命，一起發兵攻齊。憑借上天的眷顧，先王的福運，黃河以北的地利，跟着先王一舉而攻占了濟上。濟上的軍隊，受命攻打齊國，大勝。輕裝鋭利的軍隊，長驅直入來到齊都，齊國國王逃跑到莒，僅僅自己逃脱。齊國的財寶，戰車甲冑珍貴器具，全都收歸燕國，大呂鐘擺放在元英宮，原來被奪的鼎放回到歷室宮，齊國的器具擺在于寧臺上，燕都薊丘的植物栽到了汶河的竹田中。自從五霸以來，功業沒有及得上先王的。先王覺得實現了他的心願，認爲我沒有敗壞他的命令，所以劃地封賞我，使我相當于小國諸侯。我不夠聰明，自以爲聽從命令接受教誨，就可以僥幸免罪，所以接受命令而沒有推辭。

「我聽説賢明的君王，建立功業不會廢棄，所以被記于史冊；有遠見的人士，成就了功名不會將它毀壞，所以被後世稱道。像先王報仇雪恥，平定了擁有萬輛戰車的强國，收繳了八百年積累的財富，等到死去的日子，遺留下詔告後代的條令。執政擔任事務的臣子，才能遵循法令，使庶子聽從，並施加到百姓頭上，全都是可以教導後世的。

「我聽説善于勞作未必善于成功，善于開始的人不一定善于收尾。從前伍子胥説的道理被闔閭接受，所以吳王的足跡遠涉到楚都郢，夫差不認可，賜給他的是皮袋子並投之于江。所以夫差不明白伍子胥的遠見可以建立功業，因此將伍子胥沉屍而不後悔。伍子胥不能早料到君主不同的雅量，因此被沉入江中也不改他的主張。

「避免我自己遭禍保全我的功績，來彰顯先王的事跡，是我的上策啊；罹患毀譽受辱的錯誤，損貶先王的英名，是我最擔心的啊；面臨不測的罪行，來僥幸獲得利益，按照一般的道理，我也是不敢做的。

「我聽説古代的君子，斷交也不説他人的壞話；忠臣離去，也不爲自己的名聲辯白。我雖不才，也多次受君子的教誨啊。怕您身邊的人聽信左右的話，而不能瞭解被疏遠者的品行啊，所以斗膽用書信呈報，請您仔細考慮。」

作者簡介

李斯（？—前二〇八），楚國上蔡（今河南上蔡）人，與韓非同師事荀子。戰國末期著名政治家，早年爲楚小吏，後入秦。秦王（後稱始皇）拜爲客卿，升廷尉。秦始皇統

一六國後，任丞相，協助秦始皇推行一系列加强封建君主專制的措施。秦二世即位後，他被趙高陷害而死。這篇《諫逐客書》是由《史記·李斯列傳》收録才保留下來的，標題也是後人加上去的。

諫逐客書①

李斯

題解 戰國末年，韓國派水工鄭國到秦國去，建議秦國建造鄭國渠，欲以此消耗秦之國力阻秦攻韓。事情被發現後，秦宗室大臣提出逐客的主張，李斯也在被逐之列，因此寫了這封《諫逐客書》。他在文中列舉穆公、孝公、惠王、昭王四君任用客卿所收到的功效，又舉出秦王愛好的色樂珠玉都不産于秦，認爲秦應廣納天下人才，終于説服了秦王。

原文 秦宗室大臣皆言秦王曰：「諸侯人來事秦者，大抵爲其主遊間于秦耳，請一切逐客。」李斯議亦在逐中。

斯乃上書曰：「臣聞吏議逐客，竊以爲過矣②。昔穆公③求士，西取由余于戎④，東得百里奚于宛⑤，迎蹇叔⑥于宋，求丕豹、公孫支于晋⑦。此五子者，不産于秦，而穆公用之，并國二十⑧，遂霸西戎。孝公⑨用商鞅之法，移風易俗，民以殷盛，國以富强，百姓樂用，諸侯親服，獲楚、魏之師，舉地⑩千里，至今治强。惠王用張儀之計⑪，拔三川⑫之地，西并巴、蜀，北收上郡⑬，南取漢中⑭，包九夷，制鄢、郢⑮，東據成皋⑯之險，割膏腴之壤，遂散六國之從⑰，使之西面事秦⑱，功施到今。昭王得范雎⑲，廢穰侯，逐華陽⑳，强公室，杜私門㉑，蠶食諸侯，使秦成帝業。此四君者㉒，皆以客之功。由此觀之，客何負于秦哉？向使四君卻客而不内㉓，疏士㉔而不用，是使國無富利之實，而秦無强大之名也。

「今陛下致昆山之玉㉕，有隨、和㉖之寶，垂明月之珠㉗，服太阿之劍㉘，乘纖離㉙之馬，建翠鳳之旗㉚，樹靈鼉之鼓㉛。此數寶者，秦

吴楚材、吴調侯：一句揭開題面，通篇純用反法。

吳楚材、吳調侯：秦王性好侈大，故歷以紛華聲色之美動其心，此善說之術也。

鄭國

戰國末年，韓國派水工鄭國到秦國去，建議秦國建造鄭國渠，欲以此消耗秦之國力阻秦攻韓。事情被發現後，秦宗室大臣提出逐客的主張。

不生一焉，而陛下說㉜之，何也？必秦國之所生然後可，則是夜光之璧㉝，不飾朝廷；犀象之器㉞，不爲玩好；鄭、衛之女，不充後宮；而駿馬駃騠㉟，不實外廄；江南金錫不爲用，西蜀丹青不爲采。所以飾後宮，充下陳，娛心意，悅耳目者，必出于秦然後可，則是宛珠㊱之簪，傅璣之珥㊲，阿縞之衣㊳，錦繡之飾，不進于前，而隨俗雅化、佳冶窈窕，趙女㊴不立于側也。夫擊甕叩缶，彈箏搏髀㊵，而歌呼嗚嗚快耳目者，真秦之聲也；鄭、衛桑間，韶虞、武象者㊶，異國之樂也。今棄擊甕而就鄭衛，退彈箏而取韶虞，若是者何也？快意當前，適觀而已矣。今取人則不然，不問可否，不論曲直，非秦者去，爲客者逐。然則是所重者在乎色、樂、珠、玉，而所輕者在乎人民也。此非所以跨㊷海內、制諸侯之術也。

吳楚材、吳調侯：上邊事已多，文已長，不知如何收拾。他衹用一句折轉，盡數包羅，妙甚。

「臣聞地廣者粟多，國大者人衆，兵強則士勇。是以泰山不讓㊸土壤，故能成其大；河海不擇㊹細流，故能就其深；王者不卻衆庶，故能明其德㊺。是以地無四方，民無異國，四時充美，鬼神降福，此五帝三王㊻之所以無敵也。今乃棄黔首㊼以資敵國，卻賓客㊽以業諸侯，使天下之士退而不敢西向，裹足不入秦，此所謂借寇兵而齎㊾盜糧者也。

「夫物不產于秦，可寶者多；士不產于秦，而願忠者衆。今逐客以資敵國，損民以益讎，內自虛而外樹怨于諸侯，求國之無危，

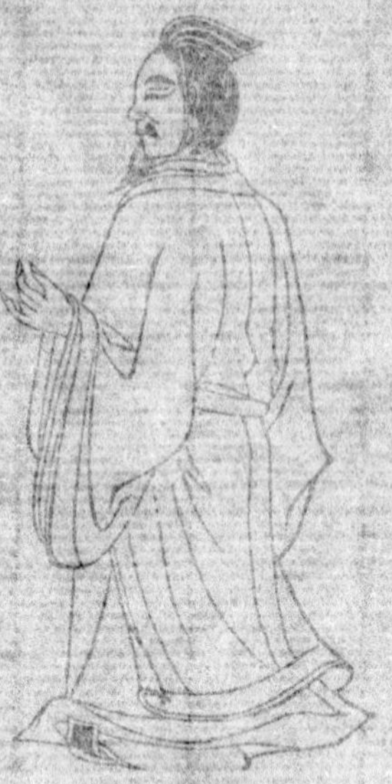

不可得也。」

秦王乃除逐客之令，復李斯官。

吳楚材、吳調侯：此先秦古書也。中間兩三節，一反一復，一起一伏，略加轉换數個字，而精神愈出，意思愈明，無限曲折變態，誰謂文章之妙，不在虛字助詞乎。

注釋

①諫：直言規勸，使改正錯誤。逐客：指驅逐六國在秦之人。書：指上書。②竊：私下。過：錯誤。③穆公：秦穆公，名任好，春秋時秦國國君，春秋五霸之一。④由余：本是晉國人，先在西戎做官，後投奔秦，助穆公統一西戎各部。戎：指當時在西部的少數民族。⑤百里奚：楚人，曾爲虞國（今山西平陸北）大夫。百里奚作爲晉獻公之女的陪嫁奴僕入秦，秦穆公任爲大夫。宛：楚邑，今河南南陽。⑥蹇叔：原是西戎岐（今陝西岐山）人，遊于宋，受百里奚推薦入秦，秦穆公禮聘爲上大夫。⑦丕豹：晉國人。晉惠公殺其父丕鄭後逃入秦。公孫支：秦大夫，穆公謀臣，又名公孫子桑。⑧産：出生。並國：兼並別的國家。⑨孝公：秦孝公，名渠梁，戰國時秦國國君。⑩舉地：開拓疆土。⑪惠王：秦惠文王，名駟，孝公之子。張儀：魏國人，任惠文王相。⑫三川：指黃河、洛水、伊水，指今河南洛陽一帶地區。⑬上郡：郡名，戰國魏地，今陝西北部及內蒙的一部分。⑭漢中：郡名，戰國楚地，今陝西漢中一帶。⑮九夷：指居于楚國境內的少數民族。鄢：楚古都，今湖北宜城。郢：楚都，今湖北江陵西北。⑯成皋：古邑名，今河南滎陽汜水鎮，原名虎牢，後改成皋。⑰從：同「縱」，指東方六國聯合抗秦的合縱策略。⑱西面：面向西。事秦：服從秦國。⑲昭王：秦昭襄王。范雎：字叔，魏人，後入秦，爲昭王相。封于應，又稱應侯。⑳穰侯：魏冉，原爲楚人，秦昭王母宣太后異父弟，封于穰，故稱穰侯。華陽：華陽君，宣太后同父弟，封于華陽，稱華陽君。㉑公室：指國家。杜私門：杜絕貴族專權之路。㉒四君：指穆公、孝公、惠文王、昭襄王。㉓向使：假使。內：同「納」，接納。㉔疏士：疏遠賢士。㉕致：求得。昆山：傳說中的産玉之山。㉖隨、和：指隨侯珠、和氏璧。㉗明月之珠：明月珠，一說指夜光珠。㉘太阿之劍：太阿寶劍。古代名劍，相傳爲春秋時期楚國人幹將和莫邪所鑄。㉙纖離：駿馬名。㉚建：竪。翠鳳之旗：用翠鳥羽毛組合成鳳凰形圖案的旗。㉛樹：設置。靈鼉之鼓：用神鼉（一種鰐魚）皮做成的鼓。㉜說：同「悦」，喜歡。㉝夜光之璧：夜間發光的璧玉。㉞犀象之器：犀牛角和象牙制成的器具。㉟駿馬駃騠：北方所産的良馬。㊱宛珠：宛地産的寶珠。㊲傅：同「附」。璣：不圓的寶珠。珥：耳

不可得也。」

秦王乃除逐客之令，復李斯官。

商鞅立木爲信

秦孝公采用商鞅的新法，國家因而富足強大。

環。傳璣之珥，指帶着珠子的耳環。㊳阿縞之衣：指齊國東阿所產之絲綢制成之衣。㊴趙女：趙地的美女。㊵搏髀：拍着大腿，打拍子的動作。㊶桑間：衛國地名，在濮水岸邊，此地民間音樂極優美動聽，古稱桑間濮上之音。韶虞：韶是虞舜的樂曲，故稱韶虞。武象：武是周武王的樂曲，像是周武王的舞曲。㊷跨：統一。㊸讓：拒絕。㊹擇：挑選。㊺明其德：彰明他的道德。㊻五帝三王：泛指古時的聖君賢主。㊼黔首：秦稱百姓爲黔首。㊽賓客：指客居在秦的人。㊾齎：持物送人。

譯文

秦國的王族、大臣對秦王說：「諸侯各國來投奔秦國的人，大多不過是爲了替其君主在秦國遊說離間罷了，請下令把一切外來的客卿驅逐出去。」當時，李斯也在提名被逐之列。

于是他向秦王上書說：「我聽說官員們在商議驅逐客卿，臣私下認爲這是不對的。過去秦穆公求士，在西邊的戎那裏得到了由余，東邊從宛得到百里奚，在宋國迎來蹇叔，在晉國招來丕豹、公孫支。這五個人，不出生在秦國，可穆公重用他們，吞並了二十個小國，使秦稱霸西戎。孝公推行商鞅的新法，改變習俗，人民因此殷盛，國家因此富強，百姓願意爲國效力，諸侯各國歸附聽命，又戰勝了楚、魏的軍隊，攻取了千里土地，至今還穩固地統治着。秦惠王采用張儀的連橫之計，攻占三川一帶，往西吞並了巴、蜀，往北收服了上郡，往南奪取了漢中，並吞了九夷的土地，控制鄢、郢，往東占據成皋的險要，占領了肥沃的土地。于是瓦解了六國的合縱，使他們向西侍奉秦國，功效一直延續至今。昭王得到范睢，廢掉了穰侯，驅逐華陽君，加強王室的地位，廢除了權貴的壟斷，逐步侵吞各國，使秦成就帝業。這四位國君，都是任用客卿而成功。由此看來，客卿們有什麼對不起秦國的呢？假使這四位國君不接納客卿，疏遠賢士而不用，這就不會使秦得到富強，秦國也不會有強大的威名。

「現在陛下得到昆山的美玉，宮中有隨侯珠、和氏璧，懸挂着光如明月的寶珠，身佩太阿寶劍，乘纖離馬，樹立翠鳳旗，陳設靈鼉鼓。這些寶物，沒有一種產自秦國，而陛下卻很喜歡它們，這是爲什

商鞅立木為信

秦孝公采用商鞅的變法，國家因而富足強大。

[illegible]

【譯文】秦國的王族、大臣對秦王說：「諸侯各國來投奔秦國的人，大多不過是為了替其君主在秦國遊說離間罷了，請下令把一切外來的客卿驅逐出去。」當時，李斯也在被驅逐之列。

于是他向秦王上書說：「我聽說官員們在商議驅逐客卿，我私下認為這是不對的。過去秦穆公求士，在西邊從戎那裏得到了由余，東邊從宛得到百里奚，在宋國迎來蹇叔，在晉國招來丕豹、公孫支。這五個人，不出生在秦國，可穆公重用他們，吞并了二十個小國，使秦稱霸西戎。孝公推行商鞅的新法，改變習俗，人民因此殷盛，國家因此富強，百姓願意為國效力，諸侯各國歸附聽命，又戰勝了楚、魏的軍隊，攻取了千里土地，至今還穩固地統治著。惠王采用張儀的連橫之計，攻占三川一帶，往西吞并了巴、蜀，往北收服了上郡，往南奪取了漢中，並吞了九夷的土地，控制鄢、郢，往東占據成皋的險要，占領了肥沃的土地。于是瓦解了六國的合縱，使他們向西侍奉秦國，功效一直延續至今。昭王得到范雎，廢黜了穰侯，驅逐華陽君，加強王室的地位，杜絕了權貴的壟斷，逐步侵吞各國，使秦成就帝業。這四位國君，都是任用客卿而成功。由此看來，客卿們有什麼對不起秦國的呢？假使這四位國君不接納客卿，疏遠賢士而不用，這就不會使秦得到富強，秦國也不會有強大的威名。

「現在陛下得到昆山的美玉，宮中有隨侯珠、和氏璧，懸掛著光如明月的寶珠，身佩太阿寶劍，乘纖離馬，樹立翠鳳旗，架設靈鼉鼓。這些寶物，沒有一種產自秦國，而陛下卻很喜歡它們，這是為什麼呢？如果一定要產自秦國才可采用，那麼這種夜光寶玉，決不會成爲秦廷的裝飾；犀角、象牙雕成的器物，也不會爲陛下所賞玩；鄭、衛的美女，也不會塡滿陛下的後宮；北方的名驥良馬，就不會養在陛下的馬房；江南的金錫不會爲陛下所用，西蜀的顏料也不會作爲彩飾。用以裝飾後宮、廣充侍妾、爽心快意、愉悅耳目的所有這些都產自秦國才可用的話，那麼點綴有珠寶的簪子，耳上的玉墜，絲織的衣服，錦綉的飾物，就都不會獻于陛下面前；那些隨風俗裝扮艷麗優美的趙國佳麗，也不會立于陛下的身旁。那敲擊瓦器，拍髀彈箏，烏烏呀呀地歌唱，能開心悅耳的，是眞正的秦國的音樂；那鄭、衛桑間的歌聲，《昭虞》《武象》的古曲，都是外國的音樂。如今陛下放棄敲擊瓦器的音樂，而取用鄭、衛淫靡悅耳之音，不要秦箏而要《昭虞》，這是爲什麼呢？難道不是爲了快意，滿足耳目官能的需要。可現在用人卻不如此，不問是否可用，不管是否有理，凡是外來的就要離開，凡是客卿都要驅逐。可見，陛下所看重的，衹在珠玉聲色，而所輕視的卻是人才。這不是能用來統一天下、制服諸侯的方法啊！

「我聽說，地域廣的，糧食充足；國家大的，人民必衆；武器精良，兵士一定勇敢。所以泰山不拒

絕土壤，方能高大；河海不遺棄溪流，方能成爲深水；稱王的人不拋棄臣民，才能表現出他的德行。因此，地不分東西，民不論國籍，四季豐足，鬼神也會來降福。這正是五帝、三王無敵的原因。現在陛下卻拋棄百姓以資助敵國，拒絕賓客以壯大諸侯，使天下之士退出秦國而不敢往西，停步不敢入秦，這正是人們所說的給強盜糧食，送敵人武器。

「許多東西並不產于秦，然而可貴的卻很多；許多士人都不生于秦，可是願意對秦盡忠心的卻不少。現在驅逐客卿而幫助敵國，減少本國人口而有利仇人，結果對內削弱自己，在外又和各國諸侯結怨，而想使國家不陷于危境，這是辦不到的。」

秦王于是撤銷逐客令，恢復了李斯的官職。

《楚辭》簡介

《楚辭》是西漢劉向所編的楚地詩體作品的集子，收録了屈原、宋玉和漢代一些作家的辭賦，因爲這些辭賦用的是在楚地的詩歌體制、語言聲韵和楚地特有的意象，所以叫作「楚辭」。《宋玉對楚王問》不一定是宋玉所作，可能是後人根據屈原、宋玉的資料整

理而成的。《楚辭》對後世文學影響深遠，我國詩歌史上常以「風」、「騷」並稱，「風」指《詩經》，「騷」即指《楚辭》。

劉向

卜居

《楚辭》

題解

《卜居》的題意是用卜筮的方法，選擇今後的生活道路和處世態度。本文傳説是屈原的作品，但實際上是楚國人爲了悼念他所作，文中借求太卜鄭詹尹卜筮之機，以排比、比喻等修辭手法，把現實生活中「善」與「惡」，「光明」與「黑暗」的鬥爭淋漓盡致地展現了出來。全篇采用對話體的形式，首尾采用散文，中間是用韻文，散韻相間的體制有助于表達情感。

原文

屈原既放①，三年不得復見②，竭知③盡忠，而蔽障于讒④。心煩慮亂，不知所從。乃往見太卜鄭詹尹⑤，曰：「余有所疑，願因先生決之⑥。」詹尹乃端策拂龜⑦，曰：「君將何以教之⑧？」

屈原曰：「吾寧悃悃款款樸以忠乎⑨？將送往勞來斯無窮乎⑩？寧誅鋤草茆，以力耕乎⑪？將遊大人以成名乎⑫？寧正言不諱以危身乎⑬？將從俗富貴以偷生乎⑭？寧超然高舉以保真乎⑮？將哫訾栗斯⑯，喔咿儒兒以事婦人乎⑰？寧廉潔正直以自清乎⑱？將突梯滑稽，如脂如韋以絜楹乎⑲？寧昂昂⑳若千里之駒乎？將汜汜若水中之鳧㉑，與波上下，偷以全吾軀乎？寧與騏驥亢軛乎㉒？將隨駑馬之跡乎㉓？寧與黄鵠比翼㉔乎？將與雞鶩㉕爭食乎？此孰吉孰凶？何去何從？世溷濁而不清：蟬翼㉖爲重，千鈞㉗爲輕；黄鐘毀棄㉘，瓦釜雷鳴㉙；讒人高張㉚，賢士無名㉛。吁嗟默默兮，誰知吾之廉貞㉜？」

吴楚材、吴調侯：送往勞來，謂隨俗高下。

吴楚材、吴調侯：以上八條，祇一意，而無一句重沓，所以爲妙。

詹尹乃釋策而謝曰㉝：「夫㉞尺有所短，寸有所長，物有所不足㉟，智有所不明㊱，數有所不逮㊲，神有所不通㊳；用君之心，行君之意，龜策誠不能知此事！」

注釋

①既：已經。放：放逐，流放，指被放逐在漢北。②三年：指多年，並非具體所指。復：再。「復見」指再也見不到君王。③竭知：指用盡聰明才智。竭，盡。知，通「智」。④蔽障：蒙蔽阻礙。⑤太卜：官名，掌管卜筮。鄭詹尹：假想的太卜的姓名。⑥因：依靠，借助。先生：尊稱。決：斷。⑦端策：意謂把占卜用的蓍草擺端正。端，放正。策，卜卦用的蓍草莖。拂龜：撣除龜殼上的灰塵。拂，拭除。龜，指占卜用的龜殼，筮用策，卜用龜。都是卜筮前的準備工作。⑧何以：以何，用什麼。教之：指教于我，此爲客套語，實際上是「問我什麼」的意思。以上是散文，以下是韻文。⑨寧：寧可，寧願。悃悃、款款：忠誠勤懇的樣子。樸：樸實。以：而。⑩將：意謂還是要。送往勞來：「送往迎來」之意，指世俗的人際周旋。斯：語助詞，此。⑪誅鋤：用鋤頭鋤去。草茅：雜草。力耕：努力耕種，致力于農事。⑫遊：遊說。大人：猶言「貴人」，指王侯將相等勢要之人。戰國時策士遊說諸侯接受自己的主張，以求進身，這種行徑是詩人所不取的。⑬正言：直言。不諱：不避諱，不隱瞞。危身：自身危害。⑭從俗：順隨世俗。偷生：苟且地活着。⑮超然：離塵脱俗。高舉：高飛，指遠離世俗，超出凡俗。真：指純真的本性。⑯訾：意同「趑趄」，指走路時戰戰兢兢、小心翼翼的樣子。栗斯：意同「哫訾」。⑰喔咿：説媚話。儒兒：當作「嚅唲」，强顔歡笑。婦人：當指君王左右的重臣，奸佞之人。一説指懷王寵姬鄭袖。⑱自清：自我保持清廉。⑲突梯：世故圓滑。滑稽：古代一種盛酒的器具，能不斷地往外倒酒，比喻能言善辯，語言流暢。如脂：像油脂那樣滑。如韋：像熟牛皮那樣柔軟。絜：量度物體周圍的長度。楹：堂屋前的柱子。「絜楹」，指用繩子量周長，以便做成圓柱形狀。喻指爲討好世俗，可削方爲圓一樣。⑳昂昂：突出，超群特立的樣子。㉑氾氾：形容漂浮。鳧：野鴨子。㉒騏驥：駿馬。亢：通「伉」，相當，匹敵。軛：套牲口拉東西時架在頸上的器具。㉓駑馬：跑不快的劣馬。跡：足跡。㉔黄鵠：大鳥名，能飛一千里。此喻有大志向者。比翼：並飛。㉕鶩：鴨子，喻庸才。㉖蟬翼：蟬的翅膀，比喻極輕

的東西。㉗鈞：古代重量單位，三十斤爲一鈞。「千鈞」，指很重的分量。㉘黃鐘：古代十二律之一，是最響亮、宏大的音調。此處指符合韻律的鐘。黃鐘毀棄：比喻賢才不用。㉙瓦釜：陶制的鍋。雷鳴：指聲音如雷鳴。瓦釜雷鳴：比喻庸才喧囂。㉚高張：指身居高位，囂張跋扈。㉛無名：默默不得志，身處于窮困。㉜廉貞：廉潔忠貞。㉝釋：放下。謝：推辭。㉞夫：發語詞。㉟不足：欠缺。㊱不明：困惑。㊲數：方數，指天文、卜筮、曆算等。逮：及。㊳神有所不通：卜筮所代表的神靈有不能通曉的。通，通達。

譯文

屈原既被放逐，多年都不能再見楚王，竭盡智慧與忠誠，卻被讒言所遮蔽阻隔。他心情煩悶紛亂，不知何去何從。于是去見卜筮之官鄭詹尹問：「我有疑惑，想請先生幫我決斷。」詹尹擺正了蓍草拂拭龜甲說：「你有什麼要問我的？」

屈原問道：「我應該誠實懇切從心裏忠于君王、報效國家呢？還是終生不知疲倦地追隨世俗，使自己沒有困境呢？應該除草助苗，努力去耕種呢？還是遊說那些貴人、取得卿相地位和榮耀呢？是該忠諫君之惡、危害自身的生命呢？還是追求世俗貪求名利、苟且偷安呢？是應該超脫世俗長逝遠遊，來持守內美呢？還是媚言討好，去奉承君王左右的重臣呢？是廉潔正直、清高自重呢？還是世故圓滑、巧言善辯，沒有自己的立場呢？要昂首挺胸、志行遠大，像奔馳千里的駿馬呢？還是做那小河裏的水鴨，隨着水流遊走，得過且過地保全自己的身軀呢？要和駿馬並駕齊驅呢？還是在駑馬的身後安步徐行呢？要和鴻鵠比翼齊飛直衝雲霄呢？還是和那鴨子爭啄殘羹呢？這些哪些是吉，哪些是凶？我將何去何從？當今的世道污濁不清；薄薄的蟬羽卻說有着千斤，而把千斤的重量說得比羽毛還輕；洪亮的黃鐘遭毀棄，可把那瓦盆敲打得響如雷鳴；讒佞的小人占據高位，氣焰囂張，可那賢明之士卻默默無聞。長吁短嘆沉默不語啊，有誰知道我的廉潔忠貞？」

詹尹于是放下占卜的用具，辭謝道：「尺有所短，寸有所長。世間任何萬物各有不足，智者也有困惑的時候。日月運行雖有定數也有不可計量的時候，神明可判吉凶可也有無法通曉的時候；以你的心，行你自己的操守，龜卜占策不能決斷你的心志！」

吳楚材、吳調侯：以上先問後總，此先總後問，法變。

吳楚材、吳調侯：先喻之以歌，言行高不合于俗。又喻之以物，言品高俗不能知。唯俗不能知，所以不合于俗也。下撇然轉入正意作結。

宋玉對楚王問《楚辭》

題解　相傳宋玉是偉大詩人屈原的學生，在楚懷王、楚襄王時做過文學侍從之類的官，常在楚王身邊。本文通過宋玉和楚王的問答，表現了宋玉的清高，也反應了仕途不順的苦惱。

原文　楚襄王問于宋玉①曰：「先生其有遺行與？何士民衆庶不譽之甚也？」

宋玉對曰：「唯，然，有之。願大王寬其罪，使得畢其辭。客有歌于郢中者。其始曰《下里》、《巴人》②，國中屬③而和者數千人。其爲《陽阿》、《薤露》④，國中屬而和者數百人。其爲《陽春》、《白雪》⑤，國中屬而和者，不過數十人。引商刻羽，雜以流徵⑥，國中屬而和者，不過數人而已。是其曲彌高，其和彌寡。故鳥有鳳而魚有鯤。鳳凰上擊九千里，絕⑦雲霓，負蒼天，足亂浮雲，翱翔乎杳冥之上。夫藩籬之鷃⑧，豈能與之料天地之高哉？鯤魚朝發崑崙之墟，暴鬐于碣石⑨，暮宿于孟諸⑩。夫尺澤之鯢⑪，豈能與之量江海之大哉？故非獨鳥有鳳而魚有鯤也，士亦有之，夫聖人瑰意琦行⑫，超然獨處，世俗之民，又安知臣之所爲哉？」

東墻窺宋

宋玉是古時有名的美男子，據説曾有女子登墻偷看他。

注釋　①宋玉：戰國後期楚國人，相傳爲屈原的學生，在楚懷王、襄王時做過文學侍從類的官。②《下里》、《巴人》：都是楚國通俗的樂曲。③屬：跟隨。④《陽阿》、《薤露》：都是楚國比較高雅的樂曲。⑤《陽春》、《白雪》：都是楚國高雅的樂曲。⑥引商刻羽，雜以流徵：古代有五聲，即宮、商、角、徵、羽，後又增加了變徵、變

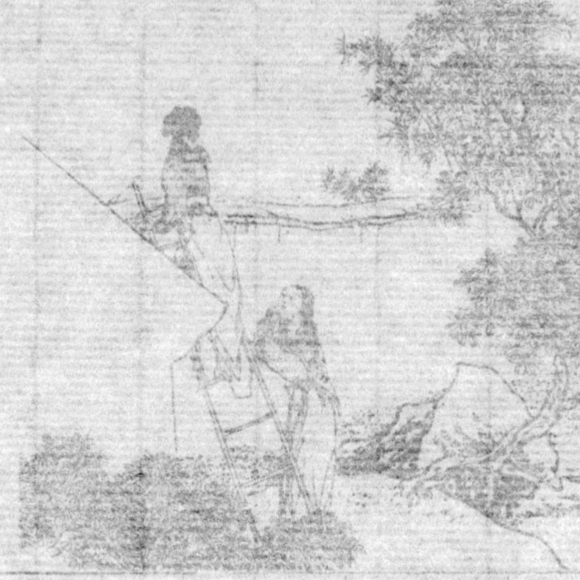

戰國·楚·宋玉《神女賦》

婉嫿幽靜兮，又婆娑乎人間。

官，成爲七聲，表示七聲音階的七個音級。這裏用音級的複雜變化來形容音樂技巧的高超。⑦絶：超越。⑧鷃：一種小鳥。⑨碣石：山名，在今河北昌黎。⑩孟諸：澤名，在今河南商丘東北。⑪鯢：一種小魚。⑫瑰意琦行：卓越不凡的思想行爲。

譯文

楚襄王問宋玉說：「先生大概有不檢點的行爲吧？爲什麼士人百姓都對你不滿呢？」

宋玉回答說：「是的，是這樣，有這種情形。希望大王寬恕我的罪過，讓我把話說完。有個客人在都城裏唱歌。開始唱《下里》、《巴人》，都城裏跟着他唱的人有幾千。後來唱《陽阿》、《薤露》，都城裏跟着他唱的人有幾百。等到唱《陽春》、《白雪》的時候，都城裏跟着他唱的衹有幾十人。最後引用商聲，刻畫羽聲，再和以徵聲時，都城裏跟着他應和的不過幾個人罷了。這樣看來，所唱越是高雅，和唱的人也就越少。所以鳥類中有鳳，魚類中有鯤。鳳凰展翅上飛九千里，穿越雲霓，背負蒼天，腳踏浮雲，翱翔在那極高遠的天上。那落在籬笆上鷃雀，怎能和它一樣瞭解天地的高大？鯤魚早上從昆侖山腳下出發，中午在渤海邊的碣石山上歇息，夜晚在孟諸過夜。淺水塘裏的鯢魚，豈能和它一樣測知江海的廣闊？不僅是鳥類中有鳳，魚類中有鯤，士人之中也有傑出人才，聖人卓見和美好操行，超出常人而獨自存在，一般的人又怎能理解我的所作所爲呢？」

卷五 漢文

《史記》簡介

《史記》爲我國第一部紀傳體通史，記載從黄帝到漢武帝時代約三千年的歷史。其作者爲我國古代偉大的史學家和文學家司馬遷。司馬遷（前一四五年—前八七年？），字子長，夏陽（今陝西韓縣）人。

《史記》全書由本紀、世家、表、書、列傳五部分組成。「本紀」按帝王世系、時間順序記叙政治軍事等天下大事及帝王本人事跡，是編年的大事記。「世家」記叙的是先秦各國的興衰以及漢朝宗室和開國元勛的事跡。「表」按年月以表格形式譜列各國重大事件。「書」是關于經濟、文化等一些專門問題的記述。「列傳」是一些有影響的歷史人物的傳記。全書分爲十二本紀、三十世家、十表、八書、七十列傳，共計一百三十篇，五十二萬餘字。

五帝本紀贊《史記》

題解

《五帝本紀》是《史記》中的第一篇，記述了傳説中的五位帝王——黄帝、顓頊、帝嚳、堯、舜的事跡。這裏所選的是篇中的最後一段，内容是説明此篇的史料來源和司馬遷本人的觀點。

文中表明司馬遷對一些史料進行了認真的考察和分析，並且親自到有關地區進行調查，然後通過綜合與研究，選取這些史料中真實可信的部分，寫成了《五帝本紀》，這是一篇言簡意賅的説明文，是研究《史記》和司馬遷治史精神的重要資料。

原文

太史公①曰：學者多稱五帝，尚②矣。然《尚書》③獨載堯以來，而百家④言黄帝，其文不雅馴⑤，薦紳⑥先生難言之。孔子所傳《宰予問五帝德》及《帝系姓》⑦，儒者或不傳。余嘗西至空峒⑧，北過涿鹿⑨，東漸于海，南浮江淮矣，至長老⑩皆各往往稱黄帝、堯、舜之處，風教固殊焉。總之，不離古文者近是。予觀《春秋》、《國語》，其

吴楚材、吴調侯：五帝，黄帝、顓頊、帝嚳、堯、舜。尚，久遠也。學者多稱五帝，已久遠矣。

吳楚材、吳調侯：此篇爲贊語之首，古致典雅，文簡意多。

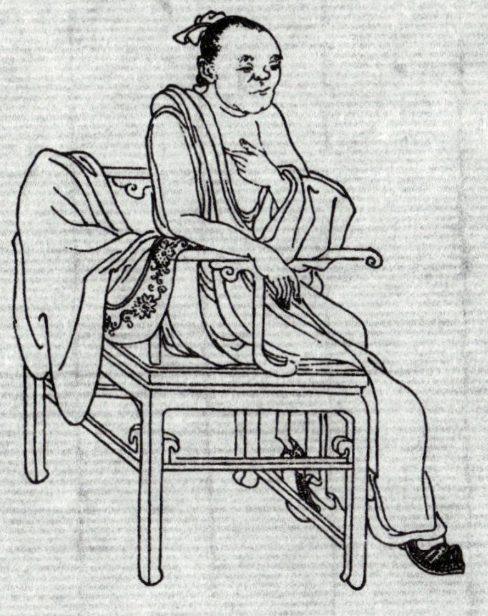

司馬遷

發明⑪《五帝德》、《帝系姓》章矣，顧弟⑫弗深考，其所表見皆不虛。書缺有間⑬矣，其軼⑭乃時時見于他說。非好學深思，心知其意，固難爲淺見寡聞道也。余並論次，擇其言尤雅者，故著爲本紀書首。

注釋

①太史公：司馬遷自稱。②尚：長久，久遠。③《尚書》：《書經》，簡稱《書》，是我國歷史最爲久遠的史書，記載了商、周歷代帝王的言論和文告。④百家：諸子百家。⑤雅馴：正確可信。馴，通「訓」，合理、通暢。⑥薦紳：縉紳，做官或曾經作過官的人，這裏指有地位的人。縉，插，紳，大帶。古代官員上朝時把笏板插在腰帶上。⑦《宰予問五帝德》、《帝系姓》：《大戴禮記》與《孔子家語》中的篇名，有些學者認爲它們不是「聖人之言」，不可信，所以不傳授給後學。⑧空峒：山名，位于今甘肅平涼西部，傳說黃帝曾經來到這裏向廣成子問道。⑨涿鹿：山名，位于今河北涿鹿東南部。⑩長老：年紀大的老人。⑪發明：闡述、說明。⑫顧弟：不過，表示轉折意義。弟，通「第」。⑬書缺有間：《尚書》有很多缺失的地方，而且流傳的時間也很長。⑭軼：通「佚」，散佚。

譯文

太史公說：在學者中有很多人都在討論五帝，可是他們距離我們的時代太遙遠了。《尚書》中衹有關于堯之後的一些事跡的記載，而各家講述黃帝事跡的文字也都不典雅，即使是有學問的人也很難說清楚。孔子傳授的《宰予問五帝德》和《帝系姓》，有些儒生也不傳習。我曾經最西面到達空峒山，去過北面的涿鹿，東面直到海邊，在南面，我還渡過長江、淮河，我所到的地方，常常聽到年紀大的老人們談論黃帝、堯、舜，而各地的風俗教化又有很大的區別。總體來講，那些和古文的記載不相悖的說法還是比較可信的。我曾經閱讀《春秋》、《國語》，但是能夠闡明《五帝德》、《帝系姓》的地方仍然很模糊，衹是我沒能進行深入的研究，否則，我就不會覺得它們的記述是虛妄了。《尚書》殘缺

司馬遷

發明⑬《五帝德》、《帝系姓》章矣，顧弟⑭弗深考，其所表見皆不虛。書缺有間矣，其軼⑮乃時時見於他說。非好學深思，心知其意，固難為淺見寡聞道也。余并論次，擇其言尤雅者，故著為本紀書首。

注釋 ①太史公：司馬遷自稱。②尚：長久，久遠。③《尚書》：《書經》，簡稱《書》，是我國[illegible]古史書，記載[illegible]文告。④百家：諸子百家。⑤雅馴：[illegible]，「馴」通「訓」，合理，有據。⑥薦紳：縉紳，[illegible]官宦的人，也泛指有身份的人。⑦[illegible]《宰予問五帝德》《帝系姓》：《大戴禮記》中的篇名。[illegible]「聖人之言」，[illegible]。⑧空峒：山名，在今甘肅平涼西。傳說黃帝曾在此拜見廣成子問道。⑨涿鹿：山名，在今河北涿鹿東南。⑩長老：年紀大的老人。⑪風教：風俗，教化。⑫[illegible]⑬[illegible]⑭弟：通「第」，只是。

譯文 太史公說：在學者中有很多人都在評論五帝，可是五帝時代太遙遠了。《尚書》中只有關于堯之後的一些事跡的記載，而各家講述黃帝事跡的文字也都不典雅，即使是有學問的人也很難說清楚。孔子傳授的《宰予問五帝德》和《帝系姓》，有些儒生也不傳習。我曾經最西面到達空峒山，去過北面的涿鹿，東面直到大海邊，在南面，我還渡過長江、淮河，我所到的地方，常常聽到年紀大的老人們談論黃帝、堯、舜，而各地的風俗教化又有很大的區別。總體來講，那些和古文的記載不相符的說法還是比較可信的。我曾經閱讀《春秋》《國語》，但是能夠闡明《五帝德》《帝系姓》的方的並很模糊。只是我沒能進行深入的研究，否則，我就不會覺得它們的記述都是虛妄了。《尚書》殘缺脫落有很長的時間了，其散佚的部分我常能在別的著作中看到。如果沒有好學深思、心領神會的精神，是很難在這些問題上和我進行討論的。我綜合各家的著述，細緻地進行研究編排，我選擇了文辭最爲典雅可靠的，于是寫成這篇本紀，並作爲本書的首篇。

項羽本紀贊《史記》

題解 秦漢交替之際，項羽叱咤風雲，在推翻秦王朝的過程中建立了巨大的功業，對時局起過支配作用，故司馬遷將他歸入本紀；但他濫用武力，目光短淺，終于喪失民心而失敗。本文對項羽既有肯定也有批評及惋惜之情。

吳楚材、吳調侯：史公論贊，往往從閑處寫，極有丰神。

原文 太史公曰：吾聞之周生①曰：「舜目蓋重瞳子②。」又聞項羽亦重瞳子。羽豈其苗裔邪③？何興之暴④也！夫秦失其政，陳涉首難⑤，豪傑蠭起⑥，相與並爭，不可勝數。然羽非有尺寸⑦，乘勢起隴畝⑧之中，三年，遂將五諸侯⑨滅秦，分裂天下，而封王侯，政由羽出，號爲霸王，位雖不終，近古⑩以來未嘗有也。及羽背關懷楚⑪，放逐義帝⑫而自立，怨王侯叛己，難矣。自矜功伐⑬，奮其私智而不師古，謂霸王之業，欲以力征經營天下，五年卒亡其國。身死東城⑭，尚不覺寤⑮，而不自責，過矣。乃引⑯「天亡我，非用兵之罪也」，豈不謬哉！

吳楚材、吳調侯：前後興亡二字相照，三年五年，並見興亡之速，俱關鍵。

注釋 ①周生：漢朝時儒生，生平不詳。②重瞳子：一隻眼睛裏有兩個瞳孔。③豈：難道。苗裔：後代。④暴：突然。⑤陳涉：陳勝，秦朝末年農民起義領袖。首難：首先發難。⑥蠭起：像蜂群一樣起兵反抗。⑦尺寸：形容很小。這裏指項羽的封地。⑧隴畝：田地，這裏指民間。⑨五諸侯：指原來的齊、趙、漢、魏、燕五個諸侯國。⑩近古：指距離《史記》作者司馬遷不遠的春秋、戰國以後的時代。⑪背：放棄。關：函谷關，這裏指春秋戰國時期秦國的地盤。⑫義帝：前二〇八年，項梁立楚懷王的孫子熊心爲楚王，仍然尊其爲楚懷王。前二〇六年，項羽分封諸王，自稱西楚霸王，定都彭城，同時將義帝遷往郴縣，並且在義帝前往郴縣的途中刺殺了他。

⑬矜：誇耀。伐：功勞。⑭東城：位于今安徽定遠東南。項羽自殺于此。⑮寤：通「悟」。⑯引：引用，把它當作理由。

譯文 太史公說：我聽周生說：「舜的眼睛有兩個瞳仁」。又聽說項羽也是雙瞳仁。項羽難道是舜的後代嗎？他的興起，是如此迅猛啊！秦朝統治無道，陳涉首先發難，各地豪傑蜂擁而起，互相爭奪天下，多得難以數清。然而項羽沒有尺寸土地，徒手起于民間，三年的時間，統率原來五國諸侯的軍隊滅掉了秦朝，分割天下的土地，封王封侯，政令全都由他發布，號稱「霸王」，雖然沒能保持長久，但也是三代以後不曾有過的了。後來，項羽捨棄關中之地，懷念楚國而回東方，放逐義帝，自立爲王，惹得諸侯埋怨，背叛自己，想成大事可就難了。他自誇戰功，祇憑自己想法行事，卻不肯師法古人，一心成就霸王的功業，想祇靠武力征伐和治理天下，結果五年之間終于國家滅亡，自己死于東城，他仍不省悟，也不反省，實在是太過分了。還說「上天要滅亡我，不是作戰不利的緣故」這句話來自我辯解，不是很荒唐嗎？

秦楚之際月表 《史記》

題解 此篇是《秦楚之際月表》的序言。秦楚之際，指秦滅漢興之間的短暫時期。時間雖短，但形勢複雜，變化萬端，因此司馬遷按月來叙述。文章說明了秦滅後，群雄並起，而漢高祖終于稱帝的原因，認爲行仁義者方可得天下，但仍受宿命論影響。

原文 太史公讀秦楚之際，曰：初作難，發于陳涉；虐戾滅秦，自項氏；撥亂誅暴，平定海內，卒踐帝祚①，成于漢家。五年之間，號令三嬗②，自生民以來，未始有受命若斯之亟③也。

昔虞、夏④之興，積善累功數十年，德洽⑤百姓，攝⑥行政事，考之于天，然後在位。湯、武之王，乃由契、後稷修仁行義十餘世⑦，不期而會孟津⑧八百諸侯，猶以爲未可，其後乃放弒⑨。秦起襄公，章于文、繆、獻、孝之後⑩，稍以蠶食⑪六國，百有餘載，至始皇乃能並冠帶之倫⑫。以德若彼，用力如此，蓋一統若斯之難也。

吴楚材、吴調侯：總承上三段作結。

秦既稱帝，患兵革不休，以有諸侯也。于是無尺土之封，墮⑬壞名城，銷鋒鏑⑭，鉏⑮豪傑，維萬世之安。然王跡之興，起于閭巷⑯，合從⑰討伐，軼于三代⑱，鄉⑲秦之禁，適足以資賢者⑳爲驅除難耳。故憤發其所爲天下雄，安在「無土不王」㉑？此乃傳之所謂大聖乎？豈非天哉！豈非天哉！非大聖孰能當此受命而帝者乎？

吳楚材、吳調侯：若非大聖，孰能當此豪傑並爭之日，獨受天命而帝者乎。應受命二字作結。前三段一正，後三段一反，而歸功于漢。以四層詠嘆，無限透迤，如黃河之水，百折百回，究未嘗著一實筆，使讀者自得之。

注釋

①卒：最終。踐：登上。帝祚：帝位。②嬗：變更。③亟：急促。④虞、夏：虞指虞舜，夏指夏禹，他們都是古代傳說中英明的帝王。⑤洽：潤澤。⑥攝：代理。⑦契：遠古時期人名，傳說是商朝帝王的始祖。後稷：遠古時期人名，傳說是周朝帝王的始祖。⑧孟津：古代黃河渡口名，位于今河南孟津縣東北，孟縣西南。⑨放弒：指商湯流放夏桀、周武王誅殺商紂等事。⑩章：通「彰」，彰顯，出名。文、繆、獻、孝：秦文公、秦穆公、秦獻公、秦孝公，他們是春秋戰國時期秦國幾位有名的國君。⑪蠶食：像蠶一樣逐漸吞食。⑫冠帶之倫：這裏指五國諸侯。⑬墮：通「隳」，毀壞。⑭鏑：箭頭。⑮鉏：鏟除。⑯閭巷：里巷，指民間。⑰合從：合縱，這裏指聯合起來。⑱軼：超過。三代：指夏、商、周三朝。⑲鄉：通「向」，從前。⑳賢者：這裏指漢高祖劉邦。㉑無土不王：當時流傳的一句古語，意思是說沒有封地就不能成爲帝王。

入關約法

秦楚之際，發令者五年三變，漢高祖施行仁義，最終得到天下。

譯文

太史公讀秦楚之際的歷史說：最初反秦的，開始于陳勝；殘酷暴虐地消滅秦的，來自項羽；撥亂反正，誅滅殘暴，平定海內，最後登上帝位的，成就于漢家。五年之間，發號施令者變更了三次，自從有了民衆以來，從無接受王命變換如此快的。

從前虞舜、夏禹的興起，（是）累積善行和功德數十年，德行惠及百姓。還要代理執政，在上天考驗之後才即位。商湯、周武王，乃是由契、後稷開始遵循仁愛施行道義幾十代，

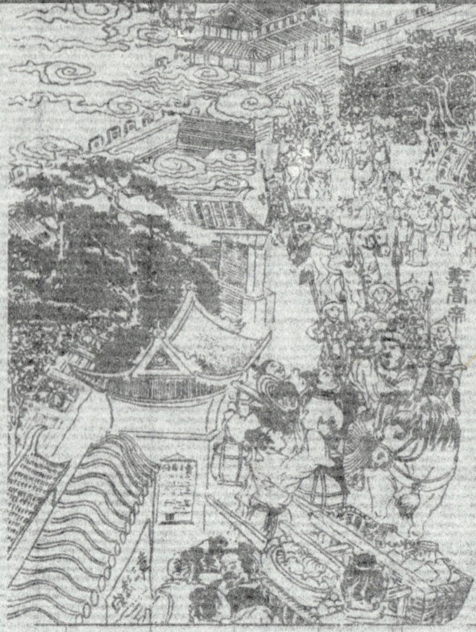

吳楚材、吳調侯：明其等，謂明其功之差等。先立一案。

武王沒想到八百諸侯會在孟津會集，還認爲時機不成熟，後來消滅商紂。秦國興起于襄公，強大于文公、繆公、獻公、孝公之後，漸漸蠶食六國，經一百多年，到秦始皇才能兼並六國。以德行取天下如此，用武力取天下如此，一統天下本就如此之難啊。

秦稱帝後，擔心有諸侯國，會造成無休止的戰亂。于是沒有尺寸的土地分封，他們還毀壞名城，銷毀兵器，鏟除英雄豪傑，指望得到萬代平安。然而帝王興起在街巷之中，聯合討伐的規模，超過夏、商、周三個朝代，從前秦朝的禁令，恰好足以資助賢達者排除滅秦的困難。所以奮發作爲，成爲天下的英雄，怎能說沒有土地便不能稱王？這就是書上所講的大聖賢吧？難道不是天意嗎？難道不是天意嗎？不是大聖賢誰能當受此天命而稱帝呢？

高祖功臣侯年表 《史記》

題解 《高祖功臣侯年表》記載了被漢高祖封爲侯的一四〇多個開國功臣家族的興衰，本文是此表的序言。到漢武帝時，因後代不遵法令而受罰，祇剩五家依然保有爵位。後人應從中吸取教訓，不要再讓祖先功業付諸東流。

原文 太史公曰：古者人臣功有五品，以德立宗廟定社稷曰勳，以言曰勞，用力曰功，明其等曰伐，積日曰閱。封爵之誓曰：「使河如帶，泰山若厲①。國以永寧，爰及苗裔。」始未嘗不欲固其根本，而枝葉稍陵夷②衰微也。

余讀高祖侯功臣，察其首封，所以失之者，曰：異哉所聞！《書》曰「協和萬國」，遷于夏商，或數千歲。蓋周封八百，幽厲之後，見于《春秋》。《尚書》有唐虞之侯伯，歷三代千有餘載，自全以蕃③衛天子，豈非篤于仁義，奉上法哉？漢興，功臣受封者百有餘人。天下初定，故大城名都散亡，戶口可得而數者十二三，是以大侯不過萬家，小者五六百戶。後數世，民咸歸鄉里，戶益息，蕭、曹、絳、灌之屬或至四萬，小侯自倍，富厚如之。子孫驕溢，忘其先，淫嬖。至太初④百年之間，見侯五，餘皆坐法隕命亡國，秏矣。罔⑤亦少密焉，然皆身

吴楚材、吴調侯：通篇全以慨嘆做致，而層層回互，步步照顧，節節頓挫。如龍之一體，鱗鬣爪牙而已，而其中多少屈伸變化，即龍亦有不能自知者。此所以爲神物也。

無兢兢于當世之禁云。

居今之世，志古之道，所以自鏡也，未必盡同。帝王者各殊禮而異務，要以成功爲統紀，豈可緄⑥乎？觀所以得尊寵，及所以廢辱，亦當世得失之林也，何必舊聞？于是謹其終始，表見其文，頗有所不盡本末；著其明，疑者闕之。後有君子，欲推而列之，得以覽焉。

注釋

①厲：同「礪」，磨刀石。②陵夷：衰落。③蕃：通「藩」，屏障。④太初：漢武帝年號（前一〇四年—前一〇一年）。上推劉邦建漢，正是一百年。⑤罔：同「網」，法禁之網。⑥緄：縫合。

譯文

太史公說，古時人臣的功績分爲五等：憑借德行安定國家的稱「勳」；憑借出謀劃策的稱「勞」；借助武力的稱「功」；明確功勞等級的稱「伐」；累積資歷的長短稱「閱」。漢初的封爵誓詞上講：「即使黃河變得細如衣帶，泰山平得像磨刀石了。你們的封國也會永遠安寧，把對你們的恩澤延及給子孫。」朝廷最初並非不想穩固這些功臣們的根本，但那些封國還是逐漸地衰微了。

漢高祖　被漢高祖封爲侯的一百四十多個開國功臣家族，到漢武帝時，因後代不遵法令而受罰，祇剩五家依然保有爵位。

我讀了有關高祖給功臣們封侯的記載，考察了第一批受封者的後嗣失掉侯位的因由，認爲這眞是和我所聽到的大不一樣！《尚書》說：「各個邦國都應和睦相處」，直到夏、商時代，大約幾千年。周朝分封了八百個諸侯，幽王、厲王之後，《春秋》上還有記載。《尚書》上記載了唐堯、虞舜時的侯伯，經歷夏、商、周三代一千多年，仍然保全着自己的地位而屏衛着天子；這難道不是因爲他們深信仁義，奉行國法嗎？漢朝興起了，功臣受封爵位的有一百多人。當時天下剛剛安定，以前那些大城名都的人流散在外，能夠統計的戶口不過原來的十分之二三，因此，大侯的封戶不過萬戶，小的祇有五六百戶。以後幾代，百姓都回歸故鄉了，戶口才日益繁衍起來；蕭何、曹參、周勃、灌嬰等人的後代有的封戶達到了四萬，小侯的封戶

吳楚材、吳調侯：聖無能名，又何容論贊。史公衹就其遺書、遺器、遺教，以自言其嚮往之誠，虛神宕漾，最爲得體。

也增加了一倍，財產也像這樣不斷增加，他們確實富裕厚足了。但是，他們的子孫驕傲自滿了，忘記了自己祖先創業的艱難，幹起了放蕩邪惡的勾當。從受封到太初，衹有百餘年的時間，保持至今的侯爵衹剩下五家，其餘的都因犯法而喪命亡國不存在了。這有國家法網漸漸嚴密的緣故，然而他們自己也沒有小心地遵守當世的禁令啊！

生活在當今，記住古人的道理，是要把它當作鏡子來對照自己，但不必強求古今完全一樣。帝王們會采取不同的統治方法，主要還是以成就功業爲原則，怎能完全一樣？分析功臣們由受到恩寵到被廢黜的原因，也是當今政治得失的經驗教訓，何必非要借鑒古代的傳聞？因此，我考察了功臣侯們的始末，並列出表格說明，其中有些沒能完全弄清本末之處，便衹記下確切的，存有疑問的則不記。以後如果有人想繼續考證其中的道理，這個表可供其參閱。

孔子世家贊《史記》

題解 因孔子的思想學說對中國有着極其深遠的影響，所以司馬遷將他列入記載諸侯事跡的「世家」。此文對孔子的思想給予了非常高的評價，也表達了作者對孔子的尊敬。

孔丘 孔子名丘，字仲尼，春秋後期魯國人。

原文 太史公曰：《詩》①有之：「高山仰止②，景行③行止。」雖不能至，然心鄉往之④。余讀孔氏書⑤，想見其爲人。適魯⑥，觀仲尼廟堂、車服、禮器，諸生以時習禮其家，余低回⑦留之，不能去云。天下君王，至于賢人，衆矣，當時則榮，沒則已焉。孔子布衣，傳十餘世，學者宗之。自天子王侯，中國言六藝者，折中于夫子⑧，可謂至聖矣！

注釋 ①《詩》：指《詩經》，中國最早的一部詩歌總集。下文的兩句詩出自《詩經·小雅·車舝》。②止：用在句尾的語氣詞。③景行：大道，比喻行爲正大光明。

④鄉：通「嚮」。⑤孔氏書：指記載孔子言行的《論語》。⑥適：到。⑦低回：徘徊留戀。⑧夫子：古代對男子的尊稱，這裏指孔子。

譯文

太史公說：《詩經》有詩說：「高高的山爲人所仰望，寬廣的路爲人所遵行。」雖然做不到，但是心中嚮往它。我讀孔氏的書，就想象到他爲人的風範。來到魯國，參觀孔子的廟堂、坐的車和服裝、祭祀的器具，當地的儒生在他的家裏學習禮儀，我徘徊流連，不忍離去。天下的君王以及賢人衆多，但他們當時榮耀，過去了就完結了。孔子雖祇是一百姓，已傳了十幾代，學者至今仍以他爲宗師。從天子、王侯起，到整個中國談論六藝的人，都是以孔夫子的思想爲標準，可以說是最高的聖賢了！

外戚世家序 《史記》

題解

本文是記載漢高祖到漢武帝時外戚世家歷史的《外戚世家》的序。司馬遷認爲，外戚對國家政權有很大影響。漢初以來，出現了多次外戚專權的情況，造成了多次混亂局面。作者希望統治者吸取夏、商、周三代的教訓，在處理婚姻問題時多追求美好的品行，不要因處理不當給國家帶來災禍。

吳楚材、吳調侯：總提一句。

原文

自古受命帝王及繼體守文之君，非獨內德茂也，蓋亦有外戚之助焉。夏之興也以塗山①，而桀之放也以妺喜②。殷之興也以有娀③，紂之殺也嬖④妲己。周之興也以姜原及大任⑤，而幽王之禽也淫于褒姒。故《易》基乾、坤，《詩》始《關雎》，《書》美釐降⑥，《春秋》譏不親迎。夫婦之際，人道之大倫也。禮之用，唯婚姻爲兢兢。夫樂調而四時和，陰陽之變，萬物之統也，可不慎與？人能弘道，無如命何！甚哉，妃匹⑦之愛，君不能得之于臣，父不能得之于子，況卑下乎！既歡合矣，或不能成子姓；能成子姓矣，或不能要其終：豈非命也哉？孔子罕稱命，蓋難言之也。非通幽明之變，惡能識乎性命哉？

注釋

①塗山：古代部落名，傳說夏禹娶塗山氏之女。②妺喜：夏桀的寵妃。③有娀：古國名，在今山西運城，有娀氏之女簡狄爲帝嚳之妃，生契，爲商的始祖。④嬖：寵愛。⑤姜

原：傳說爲周始祖後稷的母親。大任：周文王母親。⑥釐降：指堯親自辦理兩個女兒嫁給舜的事。厘，理。降，下嫁。⑦妃匹：指夫婦。妃，同「配」。

譯文

自古受天命成爲帝王和繼承遵守成法的君主，不衹是其族内品德高尚，大概還有外戚的幫助啊。夏朝的興旺與塗山氏有關，而桀被流放是因爲妹喜。殷朝的興起是因爲有娀，紂王被殺與寵愛妲己有關。周朝的興起是因爲姜原和大任，而周幽王被俘獲是因爲與褒姒的淫亂。所以《易經》是以乾、坤兩卦爲基礎，《詩經》以《關雎》爲開篇，《書經》贊美堯下嫁二女，《春秋》譏諷不親自迎娶。夫婦關係，是人與人之間重要的倫常關係啊。禮儀的運用，在婚姻方面一定要認眞。音樂調和了四季才會諧調；陰陽的變換，是萬物的根本啊，怎麼能不謹愼呢？人可以弘揚道德，但是對天命無可奈何！夫妻之愛太重要了，這種愛，君王不能從臣子那得到，父親不能從兒子那得到，何況地位卑賤之人呢！已經美好地結合了，有的不能生育子孫；能傳宗接代的，有的不能永葆終生，不就是命運使然嗎？孔子極少談論天命，大概是天命很難說清吧。不通曉玄妙的變幻，怎麼能看淸天命呢？

伯夷列傳 《史記》

題解

本文是《史記》列傳部分的第一篇，文章以議論爲主、叙事爲輔，簡單叙述了孤竹君兩子伯夷、叔齊的故事，歌頌了他們高尚的情操，並且用許由、務光這些古代的高士與二人進行對比，說明這兩個人之所以聞名于世，是因爲孔子的極力贊揚。文中對封建統治階級所持的「天道」觀念進行了大膽的否定，同時也表現了司馬遷對當時社會現狀的不滿情緒。

原文

夫學者載籍①極博，猶考信于六藝②。《詩》、《書》雖缺③，然虞夏之文可知也。堯將遜位④，讓于虞舜，舜禹之間，岳牧⑤咸薦，乃試之于位，典⑥職數十年，功用旣興，然後授政。示天下重器，王者大統，傳天下若斯之難也。而說者曰堯讓天下于許由⑦，許由不受，恥之逃隱。及夏之時，有卞隨、務光⑧者。此何以稱焉？太史公⑨曰：余登箕山⑩，其上蓋有許由冢云。孔子序列古之仁聖賢人，如吳太伯⑪、

吳楚材、吳調侯：伯夷所重在讓國一節，故先以堯讓天下引起。擬人于其倫，是極重伯夷處。

伯夷之倫詳矣。余以所聞由、光義至高，其文辭不少概見，何哉？

孔子曰：「伯夷、叔齊，不念舊惡，怨是用[12]希。」「求仁得仁，又何怨乎？」余悲伯夷之意，睹軼詩可異焉。其傳曰：伯夷、叔齊，孤竹君[13]之二子也。父欲立叔齊，及父卒，叔齊讓伯夷。伯夷曰：「父命也。」遂逃去。叔齊亦不肯立而逃之。國人立其中子。于是伯夷、叔齊聞西伯昌[14]善養老，盍往歸焉[15]。及至，西伯卒，武王載木主[16]，號爲文王，東伐紂[17]。伯夷、叔齊叩馬而諫曰：「父死不葬，爰[18]及干戈，可謂孝乎？以臣弑君，可謂仁乎？」左右欲兵之。太公[19]曰：「此義人也。」扶而去之。武王已平殷亂，天下宗周，而伯夷、叔齊恥之，義不食周粟，隱于首陽山[20]，采薇[21]而食之。及餓且死，作歌。其辭曰：「登彼西山兮，采其薇矣。以暴易暴兮，不知其非矣。神農[22]、虞、夏忽焉沒兮，我安適歸矣？于嗟徂兮[23]，命之衰矣！」遂餓死于首陽山。由此觀之，怨邪非邪？

或曰：「天道無親，常與善人。」若伯夷、叔齊，可謂善人者非邪？積仁潔行如此而餓死！且七十子之徒，仲尼獨薦顏淵爲好學[24]。然回也屢空，糟糠不厭，而卒蚤夭。天之報施善人，其何如哉？盜跖日殺不辜[25]，肝人之肉，暴戾恣睢[26]，聚黨數千人，橫行天下，竟以壽終。是遵何德哉？此其尤大彰明較著者也。若至近世，操行不軌，專犯忌諱，而終身逸樂，富厚累世不絕。或擇地而蹈之，時然後出言，行不由徑，非公正不發憤，而遇禍災者，不可勝數也。余甚惑焉，儻所謂天道，是邪非邪？

子曰「道不同不相爲謀」，亦各從其志也。故曰「富貴如可求，雖執鞭之士[27]，吾亦爲之。如不可求，從吾所好」。「歲寒，然後知松柏之後凋」。舉世混濁，清士乃見。豈以其重若彼，其輕若此哉？

吳楚材、吳調侯：反借夷齊一宕，引出顏淵、盜跖，一反一正，以極詠嘆。有夷、由、光諸人，故又引顏淵、盜跖二人照應作章法。

吳楚材、吳調侯：承上二段推開一層說，言夷、齊得孔子之言，而名顯于後世。

「君子疾沒世而名不稱焉。」賈子㉘曰：「貪夫徇㉙財，烈士徇名，誇者死權，衆庶馮㉚生。」「同明相照，同類相求㉛。」「雲從龍，風從虎，聖人作而萬物睹㉜。」伯夷、叔齊雖賢，得夫子而名益彰。顏淵雖篤學，附驥尾而行益顯。巖穴之士㉝，趨舍㉞有時，若此，類名堙滅㉟而不稱，悲夫！閭巷之人，欲砥行立名㊱者，非附青雲之士㊲，惡能施于後世哉？

注釋

①載籍：書籍，典籍。②六藝：指「六經」，即《詩經》、《尚書》、《禮記》、《易經》、《樂經》、《春秋》。③《詩》、《書》雖缺：《詩經》、《尚書》在秦始皇時曾遭焚毀，所以有所缺失。④遜位：讓位。⑤岳牧：東南西北四方首領和九州島之長。⑥典：掌管。⑦許由：傳說中上古的隱士，堯帝曾經將天下讓給他，但他不肯接受，還跑到水邊去洗自己的耳朵。⑧卞隨、務光：都是夏桀時的隱士，傳說商湯滅亡夏朝之後曾先後要把天下讓給他們，卞隨不肯接受，投水而死，務光也不肯接受，歸隱山林。⑨太史公：此處指司馬遷之父司馬談。⑩箕山：

山名，位于今河南登封南部。⑪吳太伯：周朝祖先古公亶父的大兒子，讓位庚周文王姬昌之父季歷，他本人逃往吳地。⑫是用：因此。⑬孤竹君：孤竹國國君，孤竹國是商朝時的一個諸侯國，位于今河北盧龍一帶。⑭西伯昌：周文王，姓姬名昌，他是西方諸侯之長。⑮盍往歸焉：何不到那裏去投奔他呢？⑯木主：用木頭制成的牌位。⑰紂：商朝最後一代國王，殘暴不仁，周武王率兵討伐，他自焚而死。⑱爰：竟然。⑲太公：姜姓，呂氏，名尚，字子牙，又稱太公望。先後輔佐周文王、周武王，爲周朝的建立立下了很大功勞，是春秋時期齊國始祖。⑳首陽山：山名，位于今山西永濟南。㉑薇：一種野菜，可以食用。㉒神農：傳說中上古時期一位帝王。㉓于嗟：感嘆詞。于，通「吁」。徂：通「殂」。㉔仲尼：孔子名丘，字仲尼。顏淵：名回，字子淵，孔子的弟子，孔子認爲他是弟子中最喜歡學習的一個。㉕盜跖：春秋時期著名的盜賊，實際上是農民起義領袖。不辜：沒有罪的人。㉖恣睢：放肆地行凶做壞事。㉗執鞭之士：拿着鞭子駕駛馬車的人，指車夫。㉘賈子：賈誼，漢朝初年著名的政治家、文學家。㉙徇：曲從，順從。指爲了個人利益而去做違背道德和法律的事情。㉚馮：通「憑」，依靠，這

裏有貪婪索取的意思。㉛同明相照，同類相求：化用《易經·乾卦》中：「同聲相應，同氣相求」。㉜聖人作而萬物睹：引自《易經·乾卦》。㉝巖穴之士：居住在山林洞穴中的人，這裏指隱士。㉞趨捨：進取或捨棄，這裏指成名或湮沒無聞。㉟堙滅：一作「湮滅」，埋沒。㊱砥行立名：磨煉自己的言行，使自己成名。㊲青雲之士：品行和志向都很高超的人，這裏指孔子。

譯文

學者們閱讀過的典籍管極爲廣博，然而還是要在《六經》中尋找根據。《詩經》、《尚書》雖然殘缺不全，卻可以在虞、夏兩個朝代的文字記載中瞭解清楚。堯帝快要退位時，將帝位讓給了虞舜，舜把帝位讓給大禹的時候，四方的諸侯和州牧全都趕來推薦他，于是就讓他在帝位上考察試用，直到大禹主持了幾十年國政之後，有了很大的功績，這才正式把王位授給他。這說明，天下是最重要的寶器，帝王是最重要的統緒，天下的傳承就是如此艱難。但有人說堯帝曾經把天下禪讓給許由，但許由沒有接受，還把那當成一種恥辱而逃避、隱居。到夏朝時，有卞隨、務光這樣的人。這些人應該從哪方面來稱頌呢？太史公說：我登上箕山，有人說山上有許由的墳墓。孔子依次排列古代那些仁人、聖人、賢人，比如吳太伯、伯夷等人，說得都很詳細。我認爲我所聽說的許由、務光等人的事跡所體現出來的「義」最高，但是書籍卻一點簡略的記載都沒有，什麼原因呢？

孔子說：「伯夷、叔齊，不會記着別人以往的惡處，對人的怨恨因此也就變得很少。」「追求仁德就能夠得到仁德，又有什麼可以怨恨的呢？」我對伯夷的心意表示同情，看到他們散佚的詩文後又覺得非常驚異。他們的傳記是這樣寫的：伯夷、叔齊，他們是孤竹國國君的兩個兒子。父親願意讓叔齊做國君的繼承人，等到父親死去以後，叔齊要把王位讓給伯夷。伯夷說：「父親的命令，讓你繼承王位。」于是就逃走了。叔齊也因爲不肯繼承國君之位而逃走。都城中的人們把孤竹君中間的兒子立爲國君。在這種情況下，伯夷、叔齊聽說西伯侯姬昌能夠很好地撫養老人，就想到西伯侯那裏歸附。等到他們到達那裏的時候，西伯侯已經死去了，周武王姬發用車載着用木頭做成的父親的靈位，尊其爲周文王，帶領兵馬向東方行進討伐商紂王。伯夷、叔齊拉住武王的馬韁繩，向他進諫：「父親去世，還沒有安葬就發動戰爭，這能說是孝道嗎？身份是臣子，卻要以下犯上，殺害君王，這能說是仁義嗎？」周武王身後左右兩邊的隨從想要用兵器殺死他們。姜太公說道：「這兩個是忠義的人。」就派人扶着他們離開了。周武王已經平定了殷商昏亂的暴政，天下人都歸附周朝，以周朝爲宗，衹有伯夷、叔齊覺

得這是一種恥辱，出于對商朝的忠義而不吃周朝的粟米糧食，隱藏身份居住在首陽山，采集野菜來食用。等到他們餓得將要死掉時，便創作了一首詩歌，那詩歌中唱道：「爬上那座西山啊，采集那兒的野菜來吃。以暴力手段取代殘暴的統治啊，可是不知道這樣做是錯誤的。神農氏、虞舜、夏禹那樣清明太平的時代很快就消失了，我最後的歸宿在何處呢？可嘆啊，唉，還是死了吧，我的命運是那樣的不濟呀！」于是，兩人餓死在了首陽山。從這首詩的歌詞來看，他們到底有沒有怨恨呢？

有的人曾經說過：「天意是不會偏私任何人的，它衹是經常幫助那些好人。」就如同伯夷、叔齊那樣的人，他們可以說是善良的人，不是嗎？他們不斷積累內心的仁德、使自己的品行變得高潔，即使這樣，最終還是餓死了！況且孔子那七十個著名的弟子中，孔子唯獨稱贊顏回是個喜好學習的人。可是，顏回卻經常因爲窮困而囊篋空空，就算是最粗糙低劣的糟糠都無法吃飽，最終還是早早地死去了。上天對善良的人的報答和施予，究竟是什麼樣子的呢？盜跖每天都會殺死無辜的人，吃掉人身上的肉，殘忍暴戾放縱凶狠，聚攏了同黨好幾千人，在天下橫行，沒有忌憚，竟然能夠安享自然地壽命，沒有早死。這又是依照什麼德行來報答和施與呢？這兩個例子是尤其明顯重要的。要是說到了近代，那些操守品行不夠端正，專意觸犯法令、禁忌、避諱的人，反而可以一輩子享受安逸和快樂，他們得到的富貴非常豐厚，一代一代地傳下去，從不斷絕。有人走路都要挑選地方，不到該說話的時候決不說話，言行端正，沒有偏斜，衹要是公平正義的事情，就會發奮，振作精神去做，最終反而得到災禍，這樣的例子人們數都無法數完。我對此感到十分疑惑，倘若這就是人們所說的天道，這到底是正確的還是錯誤的呢？

孔子曾經說「走着不同道路的人，不能在一起謀劃事情」，那麼也衹有各人遵從各人的意志了。所以說「富有和高貴的生活假如可以求得，那麼即使讓我做個趕車的人，我也去做。假如無法求得，就遵從我的喜好去做」。「一年中寒冷的季節來到，這之後才明白松柏的凋謝是所有植物中最靠後的」。整個世界都變得混濁了，那些清廉高潔的人士才會出現。這難道不是由于有的人過于重視富貴，才顯得輕視富貴的人如此高尚嗎？

「君子最大的遺憾是離開了這個世界但卻沒有美好的名聲受人稱道。」賈誼說：「貪婪的人爲財物喪命，有志于建立功業的人爲了榮譽而犧牲，喜歡自誇的人最後因權勢而死，百姓庶民衹想着如何生

得這是一種恥辱，出于對商朝的忠義而不吃周朝的粟米糧食，隱藏身份居住在首陽山，采集野菜來食用。等到他們餓得快要死的時候，便創作了一首詩歌。那詩歌中唱道：「爬上那座西山啊，采集那兒的野菜來吃。以暴力手段取代殘暴的統治啊，可是不知道這樣做是錯誤的。神農氏、虞舜、夏禹那樣清明太平的時代很快就消失了，我最後的歸宿在何處呢？可嘆啊，我還是死了吧，我的命運是那樣的不濟呀！」于是，兩人餓死在了首陽山。從這首詩的歌詞來看，他們到底有沒有怨恨呢？

有的人曾經說過：「天意是不會偏袒任何人的，它總是經常幫助那些好人。」就如同伯夷、叔齊那樣的人，他們可以說是善良的人，不是嗎？他們不斷積累內心的仁德，使自己的品行變得高潔，即使這樣，最終還是餓死了！況且孔子弟子七十個賢者之中，孔子唯獨推薦顏回是個喜好學習的人。可是，顏回卻經常因為窮困而囊中空空，就算是粗糧也吃不飽，最終還是早早地死去了。上天對善良的人的報答和施予，究竟是什麼樣子的呢？盜跖每天都會殺死無辜的人，吃掉人身上的肉，殘忍暴戾放縱凶狠，聚攏了同黨好幾千人，在天下橫行，沒有想到竟然能夠安享自然的壽命，沒有早死。這又是依照什麼德行來報答他的施與呢？這兩個例子是尤其明顯重要的。要是說到了近代，那些

操守品行不夠端正，專意觸犯法令、禁忌，違背的人，反而可以一輩子享受安逸和快樂，他們得到的富貴非常豐厚，一代一代地傳下去，從不斷絕。有人走路都要挑選地方，不到該說話的時候決不說話，言行端正，沒有偏斜，若要是公平正義的事情，就會發奮振作精神去做，最終反而得到災禍，這樣的例子人們數都無法數完。我對此感到十分疑惑，倘若這就是人們所說的天道，這到底是正確的還是錯誤的呢？

孔子曾經說：「走著不同道路的人，不能在一起謀劃事情。」那麼也只有各人遵從各人的意志了。所以說：「富有和高貴的生活假如可以求得，那麼即使讓我做個趕車的人，我也去做。假如無法求得，就遵從我的喜好去做。」一年中寒冷的季節來到，這之後才明白松柏的凋謝是所有植物中最靠後的。整個世界都變得混濁了，那些清廉高潔的人士才會出現。這難道不是由于有的人過于重視富貴，才顯得輕視富貴的人如此高尚嗎？

「君子最大的遺憾是離開了這個世界但卻沒有美好的名聲受人稱道。」賈誼說：「貪婪的人總是為財物喪命，有志于建立功業的人為了榮譽而犧牲，喜歡自誇的人最後因權勢而死，百姓眾民只想著如何生

存，卻很厭惡死去。」《易經》中說道：「如果同爲明亮的東西，那麼就會互相照映；如果都是同一類的事物，就會在相互間產生影響。」還有，「龍出現時，一定會有雲彩跟隨其後，猛虎怒吼時也一定會刮起大風，當聖人出現在世間時，天下萬物都會變得更加明顯而易于理解。」伯夷、叔齊雖然也是賢明的人，但也要有孔子的稱贊才使他們的名聲更加爲世人所知。顔回雖然刻苦好學，但也衹有依附在孔子這樣的良馬的尾巴後面才使他的高尚品行更加顯露于世。居住在山林洞穴的隱士，有的名聲顯達，有的則默默無聞，這都與時機有很大的關係，這樣的人如果名聲被湮沒而沒有得到稱頌，眞可以說是一件悲哀的事情啊！居住在鄉里民間的人，要想磨礪自己的德行、樹立美好的名聲，假如不是依附于那些猶如站在青雲之上飛黃騰達的人士身後，怎麼可以讓自己的聲名廣泛地流傳于後世呢？

管晏列傳 《史記》

題解 管仲和晏嬰是春秋時齊國的名相，此文是二人的合傳。管仲輔佐齊桓公稱霸，晏嬰輔佐齊景公治國。本文並未着重記述他們的功績，而是通過幾件「軼事」來刻畫出他們的形象。鮑叔牙多次資助管仲，並將他推薦給桓公；晏嬰發現車夫的才能，薦爲大夫。他們都具有知人善任的才能。

原文 管仲夷吾者，潁上[1]人也。少時常與鮑叔牙[2]遊，鮑叔知其賢。管仲貧困，常欺鮑叔，鮑叔終善遇之，不以爲言。已而鮑叔事齊公子小白，管仲事公子糾。及小白立爲桓公，公子糾死，管仲囚焉。鮑叔遂進管仲。管仲既用，任政于齊，齊桓公以霸，九合諸侯，一匡天下，管仲之謀也。

管仲曰：「吾始困時，嘗與鮑叔賈，分財利多自與，鮑叔不以我爲貪，知我貧也。吾嘗爲鮑叔謀事而更窮困，鮑叔不以我爲愚，知時有利不利也。吾嘗三仕三見逐于君，鮑叔不以我爲不肖，知我不遭時也。吾嘗三戰三走，鮑叔不以我爲怯，知我有老母也。公子糾敗，召忽[3]死之，吾幽囚受辱，鮑叔不以我爲無恥，知我不羞小節而恥功名不顯于天下也。生我者父母，知我者鮑子也。」

吳楚材、吳調侯：管仲一生事業，祇數語略寫。

召公　周召公，姓姬名奭，周文王子，周武王弟。

鮑叔既進管仲，以身下之。子孫世祿于齊，有封邑者十餘世，常爲名大夫。天下不多管仲之賢而多鮑叔能知人也。

管仲既任政相齊，以區區之齊，在海濱，通貨積財，富國強兵，與俗同好惡。故其稱曰：「倉廩實而知禮節，衣食足而知榮辱，上服度則六親固。四維不張，國乃滅亡。下令如流水之源，令順民心。」故論卑而易行。俗之所欲，因而予之；俗之所否，因而去之。

其爲政也，善因禍而爲福，轉敗而爲功。貴輕重，慎權衡。桓公實怒少姬，南襲蔡，管仲因而伐楚，責包茅④不入貢于周室。桓公實北征山戎⑤，而管仲因而令燕修召公之政。于柯⑥之會，桓公欲背曹沫之約，管仲因而信之，諸侯由是歸齊。故曰：「知與之爲取，政之寶也。」

管仲富擬于公室，有三歸、反坫⑦，齊人不以爲侈。管仲卒，齊國遵其政，常強于諸侯。後百餘年而有晏子焉。

吳楚材、吳調侯：收完任政相齊一段，即帶下作晏子過文。

晏平仲嬰者，萊⑧之夷維人也。事齊靈公、莊公、景公，以節儉力行重于齊。既相齊，食不重肉，妾不衣帛。其在朝，君語及之，即危言；語不及之，即危行。國有道，即順命；無道，即衡命。以此三世顯名于諸侯。

吳楚材、吳調侯：晏子一生事業，亦衹數語，約略虛寫，于管仲一樣。

越石父⑨賢，在縲紲⑩中。晏子出，遭之途，解左驂贖之，載歸。弗謝，入閨。久之，越石父請絕。晏子懼然⑪，攝衣冠謝曰：「嬰雖不仁，免子于厄，何子求絕之速也？」石父曰：「不然。吾聞君子

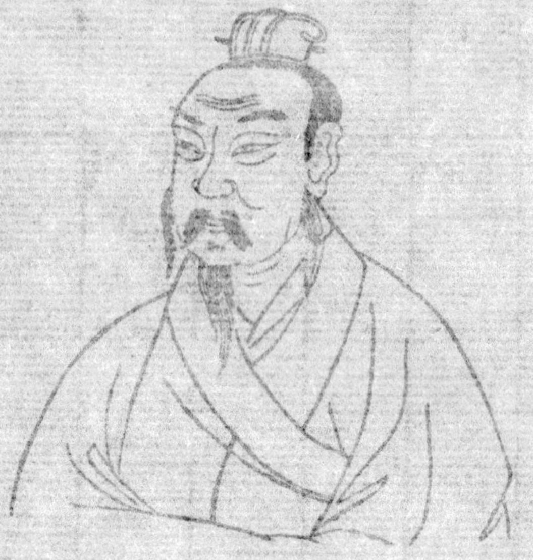

吴楚材、吴調侯：前以知己論管仲，此以知己論晏子，是史公着意點綴聯合處。

晏嬰沮封

孔子在齊國，齊景公問孔子如何治理國家，孔子要他節省財力。齊景公很高興，想把尼溪的田地封賜給孔子，但遭到大臣晏嬰反對，于是孔子離開齊國。

詘⑫于不知己而信于知己者。方吾在縲紲中，彼不知我也。夫子既已感寤而贖我，是知己；知己而無禮，固不如在縲紲之中。」晏子于是延入爲上客。

晏子爲齊相，出，其御之妻從門間而窺其夫。其夫爲相御，擁大蓋，策駟馬，意氣揚揚，甚自得也。既而歸，其妻請去。夫問其故。妻曰：「晏子長不滿六尺，身相齊國，名顯諸侯。今者妾觀其出，志念深矣，常有以自下者。今子長八尺，乃爲人僕御，然子之意自以爲足，妾是以求去也。」其後夫自抑損。晏子怪而問之，御以實對。晏子薦以爲大夫。

太史公曰：吾讀管氏《牧民》、《山高》、《乘馬》、《輕重》、《九府》，及《晏子春秋》，詳哉其言之也。既見其著書，欲觀其行事，故次其傳。至其書，世多有之，是以不論，論其軼事。

管仲世所謂賢臣，然孔子小之。豈以爲周道衰微，桓公既賢，而不勉之至王，乃稱霸哉？語曰：「將順其美，匡救其惡，故上下能相親也」。豈管仲之謂乎？

吴楚材、吴調侯：晏子之不討崔氏，權不足也，然亦非克亂之才，故史公以無勇責之。

方晏子伏莊公屍哭之，成禮然後去，豈所謂「見義不爲無勇」者邪？至其諫說，犯君之顏，此所謂「進思盡忠，退思補過」者哉！假令晏子而在，余雖爲之執鞭，所忻慕焉！

注釋

①潁上：潁水之濱，在今安徽潁上。②鮑叔牙：春秋時齊大夫，以知人著稱，與管仲相知最深。③召忽：齊人，與管仲一起侍奉公子糾，糾被殺後召忽也自殺了。④包茅：裹

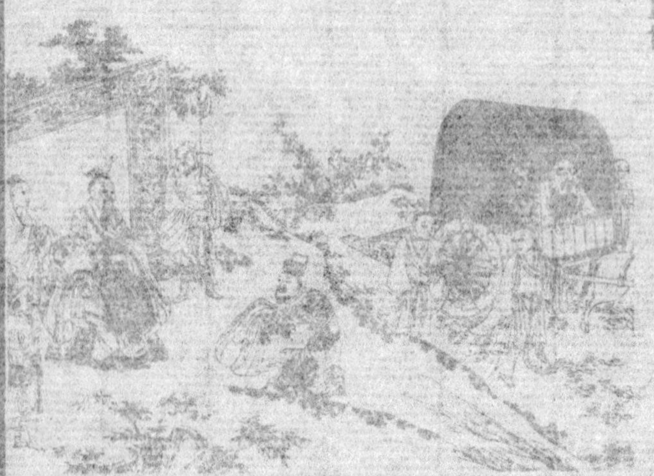

成捆的青茅，祭祀時在上邊灑酒以濾去酒中的渣滓。⑤山戎：又稱北戎，今河北北部。⑥柯：今山東東阿西南。齊桓公五年，齊魯會盟于柯。⑦三歸：臺名。反坫：坫是放酒杯的土臺，在廳堂的兩根前柱之間。宴會時，賓主互相敬酒後，把酒杯放在土臺上，就叫反坫。這是諸侯之間的禮節。⑧萊：國名，在今山東平度以西。⑨越石父：齊人。⑩縲紲：拘忌犯人的繩索，引申爲囚禁。這裏指監牢。⑪懼然：震驚的樣子。⑫詘：通「屈」。

【譯文】管仲，名叫夷吾，潁上人。少年時常與鮑叔牙交往，鮑叔知道他的賢能。管仲家境貧困，常常欺騙鮑叔牙，鮑叔牙卻始終很好地待他，從不提起這種事。後來鮑叔服侍齊公子小白，管仲服侍公子糾。等到小白被立爲桓公，公子糾被殺死，管仲也被囚禁。鮑叔就向桓公推薦管仲。管仲被重用，在齊國掌理政事，齊桓公因此建立霸業，多次會合諸侯，匡救天下，都是靠管仲的謀略。

管仲說：「當初我貧窮時，曾經同鮑叔一道做買賣，分財利往往多給自己，而鮑叔不認爲我貪心，他知道我貧窮。我曾經替鮑叔出謀劃策，結果事情給弄得更加困窘，而鮑叔不認爲我愚笨，他知道時機有利也有不利。我曾經三次做官又三次被國君斥退，鮑叔不認爲我無能，他知道我沒遇上好時運。我曾經三次打仗三次退卻，鮑叔不認爲我是懦弱，他知道我家中還有老母。公子糾失敗後，召忽爲此自殺，而我被關在深牢中忍辱苟活，鮑叔不認爲我無恥，他知道我不會爲不拘小節而羞，卻爲功名不曾顯耀于天下而恥。生養我的是父母，瞭解我的是鮑叔啊。」

鮑叔推薦了管仲之後，甘心位居管仲之下。子孫世代享受齊國的俸祿，有封地的就有十幾代人，常出有名望的大夫。天下人不贊美管仲的賢能，而稱贊鮑叔善于識人。

管仲在齊國爲相執政，憑借小小的東海之濱的齊國，流通貨物，積累財富，富國強兵，與百姓同好同惡。所以他的著作中說：「糧倉充實了，百姓才知道禮節；衣食飽暖就懂得榮辱；君王的享用有一定制度，六親才團結無二心。禮、義、廉、恥的倫理不能伸張，國家就會滅亡。頒布政令就要像流水的源頭，要能順乎民心。」所以他的言論淺顯而易于推行，一般人所嚮往的，就順應他們而給予；一般人所不贊成的，就順應他們而革除。

管仲處理政務，善于轉禍爲福，轉敗爲成功。重視控制物價的貴賤，謹慎地權衡利害得失。桓公實在是惱恨蔡把少姬改嫁，就南襲蔡國，管仲則趁機討伐楚國，譴責楚國不向周王室進貢包茅。桓公

實際上是北征山戎，管仲卻趁機要求燕國實行召公的善政向周朝進貢。在柯地盟會時，桓公打算背棄同曹沫所簽訂的歸還魯地的盟約，管仲卻堅持守信，天下諸侯也因此而歸附于齊。所以說：「認識到給予是爲了獲取，這是治理政事的法寶」。

管仲的富足可以同齊君相比，有三歸，有反坫，齊國人並不認爲是僭越。管仲死了以後，齊國遵循他的政策，常常強霸于諸侯之中。約一百年後，又出了一個晏子。

晏平仲，名嬰，萊地夷維人。服侍過齊靈公、齊莊公、齊景公，因爲節省儉樸，親躬理事，被齊人敬重。做了齊相之後，吃飯也沒有兩樣肉菜，妾妻不穿綢緞。他在朝廷上時，國君談到的事，他就直言；國君沒有談到的事，照樣謹慎去做。國家政治清明，就順理而行；國家無眞理，就權衡利害後才行。因此，連續三朝，他的名聲在諸侯間頗爲顯赫。

越石父很賢能，但陷于監牢之中。晏子外出時，在路上遇見他，便解下左邊的驂馬將他贖出，載着他回到府裏。晏子也不告辭一聲，就進了府門。過了很久，越石父對晏子說要絕交。晏子非常驚詫，整理衣帽，連連謝罪說：「我晏嬰雖無仁德，但卻將你從災禍中挽救出來，爲什麼你這麼快就要絕交呢？」石父說：「你說得不對。我聽說君子衹在不瞭解自己的人那兒受委屈，而在知己面前是受到禮待的。當我被囚在牢中的時候，是那些人不瞭解我。您既然已經知道我的爲人並且贖出了我，就是我的知己；既是知己而不按禮待我，那實在不如被關在牢中。」晏子于是請他進屋爲貴賓。

晏子做齊相時，有一次出門，他車夫的妻子從門縫裏窺視丈夫。他爲國相駕車，坐在車蓋前，揚鞭驅馬，意氣揚揚，很是得意。回家後，他的妻子請求離開他。丈夫問爲什麼，妻子說：「晏子身長不滿六尺，卻做了齊國的相，名聲顯赫于各國。今天我看他出門，見他思慮很深遠，態度謙虛。現在你身長八尺，卻做了人家的僕從和車夫，但是你已很滿足了，我因爲這才要求離開你。」後來，車夫便自覺克制自己。晏子感到奇怪，

管仲

名夷吾，字仲，春秋時期齊國著名的政治家。

吴楚材、吴調侯：起敘任用之專，後段節節敘其疏而見放，妙得原委。

便問車夫，車夫以實情相告。晏子就推薦他做了大夫。

太史公說：我讀管子的《牧民》、《山高》、《乘馬》、《輕重》、《九府》等書，和《晏子春秋》，他們說得都很詳細。讀過他們的書，想知道他們的行爲，所以編寫了他們的傳記。至于他們的書，到處都能見到，因此不論述，衹是記述他們的一些軼事。

管仲是世人公認的賢臣，但孔子卻小看他。莫非認爲周朝已經衰微，桓公既是賢君，而管仲不勸勉他實行王道而衹能輔佐他稱霸嗎？古語說：「順應美德，糾正惡行，因而君臣上下就能相親相附。」這說的不正是管仲嗎？

當晏子伏在莊公屍體上痛哭，並行完臣子的禮節之後才離開，這難道是古人所說的「見義不爲，沒有勇氣」的人嗎？至于他那些抗爭勸阻的言論，冒犯君主，這便是《孝經》所說的「在朝時就竭盡忠心，在野就考慮彌補過失」的人啊！如果晏子現在還活着，即使讓我替他執鞭趕馬，也是令我欣慰和嚮往的。

屈原列傳 《史記》

題解 這是《史記·屈原賈生列傳》中關于屈原的部分，記載了我國歷史上偉大的愛國詩人屈原的一生。他生活在戰國中後期，曾受楚王重用，後遭讒言被流放，但仍然關心祖國，終沉汨羅江自盡。本文歌頌了屈原卓越超群的才華和高潔的人格，充滿了對屈原的敬仰與同情。

原文 屈原者，名平，楚之同姓也①。爲楚懷王左徒②。博聞強志，明于治亂，嫻③于辭令。入則與王圖議國事，以出號令；出則接遇賓客，應對諸侯。王甚任之。

上官大夫④與之同列，爭寵，而心害⑤其能。懷王使屈原造爲憲令，屈平屬⑥草稿未定。上官大夫見而欲奪之，屈平不與，因讒之曰：「王使屈平爲令，衆莫不知，每一令出，平伐其功，曰：以爲『非我莫能爲』也。」王怒而疏屈平。

屈平疾王聽之不聰也，讒諂之蔽明也，邪曲之害公也，方正之不容也，故憂愁幽思而作《離騷》⑦。「離騷」者，猶離憂也。夫天者，

屈原

屈原，芈姓屈氏，名平，字原，戰國末期楚國丹陽人，楚武王熊通之子屈瑕的後代，中國歷史上偉大的詩人之一。

人之始也；父母者，人之本也。人窮則反本，故勞苦倦極，未嘗不呼天也；疾痛慘怛⑧，未嘗不呼父母也。屈平正道直行，竭忠盡智以事其君，讒人間之，可謂窮矣！信而見疑，忠而被謗，能無怨乎？屈平之作《離騷》，蓋⑨自怨生也。《國風》好色而不淫⑩，《小雅》⑪怨誹而不亂，若《離騷》者，可謂兼之矣。上稱帝嚳⑫，下道齊桓⑬，中述湯、武⑭，以刺世事。明道德之廣崇，治⑮亂之條貫，靡不畢見。其文約，其辭微，其志潔，其行廉。其稱文小而其指極大，舉類邇⑯而見義遠。其志潔，故其稱物芳；其行廉，故死而不容。自疏濯淖⑰污泥之中，蟬蛻于濁穢，以浮遊塵埃之外，不獲世之滋垢⑱，皭然泥而不滓者也⑲。推此志也，雖與日月爭光可也。

屈平既絀⑳，其後秦欲伐齊，齊與楚從親㉑。惠王患之，乃令張儀佯㉒去秦，厚幣委質事楚㉓，曰：「秦甚憎齊，齊與楚從親；楚誠能絕齊，秦願獻商、于㉔之地六百里。」楚懷王貪而信張儀，遂絕齊。使使如秦受地，張儀詐之曰：「儀與王約六里，不聞六百里。」楚使怒去，歸告懷王。懷王怒，大興師伐秦。秦發兵擊之，大破楚師于丹、淅㉕，斬首八萬，虜楚將屈匄㉖，遂取楚之漢中地㉗。懷王乃悉發國中兵，以深入擊秦，戰于藍田㉘。魏聞之，襲楚至鄧㉙。楚兵懼，自秦歸。而齊竟怒不救楚，楚大困。

明年，秦割漢中地與楚以和。楚王曰：「不願得地，願得張儀而

吳楚材、吳調侯：評張儀始終事，爲屈原諫楚王張本。

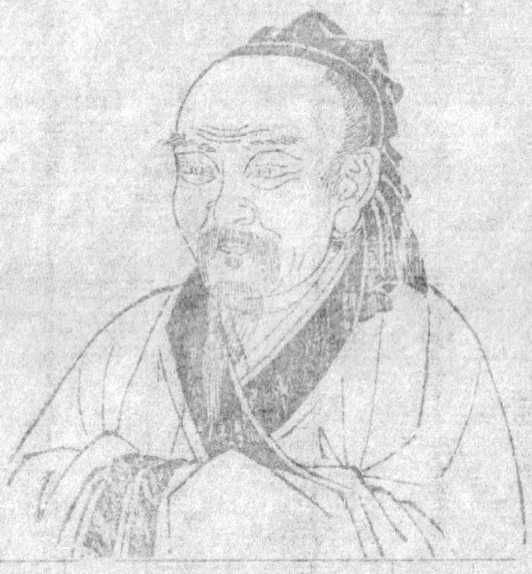

吳楚材、吳調侯：祇爲何不殺張儀一句，乃倒敘楚願得張儀一段，又倒敘張儀詐楚一段，意思在此，而序事在彼。

吳楚材、吳調侯：推屈平本意作議論。

甘心焉。」張儀聞，乃曰：「以一儀而當漢中地，臣請往如楚。」如楚，又因厚幣用事者臣靳尚㉚，而設詭辯于懷王之寵姬鄭袖㉛。懷王竟聽鄭袖，復釋去張儀。是時屈平既疏，不復在位，使于齊，顧反㉜，諫懷王曰：「何不殺張儀？」懷王悔，追張儀，不及。

其後，諸侯共擊楚，大破之，殺其將唐昧㉝。

時秦昭王㉞與楚婚，欲與懷王會。懷王欲行，屈平曰：「秦，虎狼之國，不可信。不如毋行！」懷王稚子㉟子蘭勸王行：「奈何絕秦歡！」懷王卒行。入武關，秦伏兵絕其後，因留懷王，以求割地。懷王怒，不聽，亡走趙，趙不內。復之秦，竟死于秦而歸葬。

長子頃襄王立，以其弟子蘭爲令尹㊱。楚人既咎子蘭，以勸懷王入秦而不反也。

屈平既嫉之，雖放流㊲，眷顧楚國，繫心懷王，不忘欲反。冀幸

臨江湘之玄淵兮

君之一悟，俗之一改也。其存君興國而欲反覆之，一篇之中，三致意焉。然終無可奈何，故不可以反。卒以此見懷王之終不悟也。

人君無愚智賢不肖，莫不欲求忠以自爲，舉賢以自佐，然亡國破家相隨屬，而聖君治國累世而不見者，其所謂忠者不忠，而所謂賢者不賢也！懷王以不知忠臣之分，故內惑于鄭袖，外欺于張儀，疏屈平而信上官大夫、令尹子蘭。兵挫地削，亡其六郡，身客死于秦，爲天下笑。此不知人之禍也。《易》㊳曰：「井渫㊴不食，爲

吴楚材、吴調侯：極寫落魄悲憤之狀。

我心惻。可以汲。王明，並受其福。」王之不明，豈足福哉！令尹子蘭聞之大怒，卒使上官大夫短屈原于頃襄王，頃襄王怒而遷之。

屈原至于江濱，被㊵髮行吟澤畔，顏色憔悴，形容枯槁。漁父見而問之曰：「子非三閭大夫㊶歟？何故而至此？」屈原曰：「舉世混濁而我獨清，衆人皆醉而我獨醒，是以見放。」漁父曰：「夫聖人者，不凝滯于物而能與世推移。舉世混濁，何不隨其流而揚其波？衆人皆醉，何不餔其糟而啜其醨㊷？何故懷瑾握瑜㊸而自令見放爲？」屈原曰：「吾聞之，新沐者必彈冠，新浴者必振衣。人又誰能以身之察察㊹，受物之汶汶㊺者乎！寧赴常流而葬乎江魚腹中耳，又安能以皓皓之白而蒙世之溫蠖乎㊻！」乃作《懷沙》之賦。

于是懷石，遂自投汨羅㊼而死。

吴楚材、吴調侯：史公作屈原傳，其文便似離騷，婉雅淒愴，使人讀之，不禁噓唏欲絕。要之窮愁著書，史公與屈子，實有同心。宜其憂思唱嘆，低回不置云。

屈原既死之後，楚有宋玉、唐勒、景差㊽之徒者，皆好辭而以賦見稱。然皆祖屈原之從容㊾辭令，終莫敢直諫。其後楚日以削，數十年㊿竟爲秦所滅。

自屈原沉汨羅後百有餘年，漢有賈生(51)，爲長沙王太傅(52)。過湘水，投書以弔屈原。

太史公曰：余讀《離騷》、《天問》、《招魂》、《哀郢》(53)，悲其志。適長沙，過屈原所自沉淵，未嘗不垂涕，想見其爲人。及見賈生弔之，又怪屈原以彼其材，遊諸侯，何國不容，而自令若是。讀《鵩鳥賦》(54)，同生死，輕去就，又爽然(55)自失矣！

注釋

①楚之同姓也：楚國的本姓爲羋。楚武王的兒子瑕封于屈（相傳位于今湖北秭歸以東），其後代遂以屈爲姓。瑕爲屈原的祖先。②楚懷王：戰國時期楚國國君，前三二八年到前二九九年在位。左徒：楚國官名，職位僅次于令尹。③嫻：嫻熟，熟練。④上官大夫：楚國

大夫。「上官」是複姓。一説即下文的靳尚。⑤害：嫉妒。⑥屬：撰寫，起草。⑦《離騷》：屈原所著的一篇長詩。⑧憯怛：憂傷。⑨蓋：連詞，解釋原因。⑩《國風》：《詩經》的一部分，包括《周南》、《召南》等十五國的民間歌謡，共一百六十篇。淫：過度。⑪《小雅》：《詩經》的一部分，其中多是斥責朝政的缺失，反映喪亂的政治詩，共七十四篇。⑫帝嚳：傳説中的古代帝王，是黄帝的曾孫，即高辛氏。⑬齊桓：齊桓公，春秋五霸的第一位霸主。⑭湯、武：湯指商朝的開國帝王商湯，又稱成湯。武指西周的周武王。⑮治：安定。⑯邇：近。⑰濯淖：污濁。⑱獲：玷辱。滋：通「兹」，黑。⑲皭然：潔白的樣子。滓：污黑。⑳絀：通「黜」，罷黜，被免去官職。㉑從親：合縱親善。戰國時期，山東諸侯各國聯合抗秦，稱「合縱」。從，通「縱」。㉒佯：假裝。㉓委：獻上。質：通「贄」，禮物。㉔商、于：秦國兩地名，這裏指位于商、于之間的地區。㉕丹、淅：兩條河流的名字。丹江發源于陝西商縣西北，向東南流入河南。淅水是丹江的支流。㉖屈匄：楚國大將。㉗漢中：郡名，位于今湖北西北部，陝西東南部一帶。㉘藍田：秦國縣名，位于今山西藍田西部。㉙鄧：春秋時期蔡國地名，後屬楚國，位于

今河南郾城東南。㉚靳尚：楚國大夫。㉛鄭袖：也稱南后，楚懷王的寵妃。㉜顧反：返回，回來。㉝唐昧：楚國大將，楚懷王二十八年（前三〇一年），秦國與齊、韓、魏攻打楚國，殺唐昧。㉞秦昭王：秦國國君，前三〇六年到前二五一年在位。㉟稚子：小兒子。㊱令尹：楚國官名，相當于相國。㊲放流：流放。屈原流放的時間與文中記叙的時間有矛盾，後人疑此處有脱誤。㊳《易》：《周易》，又稱《易經》，儒家經典之一。㊴渫：淘洗污泥。這裏指淘净的水，用來比喻賢人。㊵被：通「披」，披散。㊶三閭大夫：掌管楚國王族昭、屈、景三姓事務的官員。㊷餔：通「哺」，食。糟：酒糟，酒渣。啜：喝。醨：薄酒。㊸瑾、瑜：美玉。㊹察察：潔白的樣子。㊺汶汶：昏暗狀。㊻皓皓：潔白的樣子。温蠖：塵土渣滓堆積的樣子。㊼汨羅：江名，位于今湖南省境内。㊽宋玉、唐勒、景差：據説宋玉爲屈原弟子，楚襄王時人。唐勒、景差與其同時。㊾從容：舒緩、委婉的樣子。㊿數十年：秦國于前二二三年滅楚國，距離楚襄王繼位（前二九九年）共七十六年。(51)賈生：賈誼，西漢著名文學家。(52)太傅：官名，負責教導輔佐國王。(53)《天問》、《招魂》、《哀郢》：都是屈原《楚辭》中的篇目。(54)《鵩鳥賦》：賈

誼所寫的一篇文章。55爽然：茫茫無主的樣子。

譯文

屈原名平，與楚王同姓。他曾擔任楚懷王的左徒。識見淵博，記憶力很強，通曉治理國家的道理，善于外交應答。對內與懷王商議國事，發布命令；對外接待賓客，回答諸侯使節的問題。懷王很信任他。

上官大夫和他同朝爲官，想爭得懷王的寵幸，嫉妒屈原的才能。懷王讓屈原起草法令，屈原尚未定稿。上官大夫見了就想奪走，屈原不給，他就向懷王進讒言說：「大王叫屈原制定法令，大家都知道的；每一項法令發出，屈原就誇大他的功勞說：『除了我，無人能做到。』」懷王很生氣，疏遠了屈原。

屈原痛心懷王聽不到忠言，無法明辨是非，被讒言蒙蔽了聰明才智，讓邪惡害了公道，端方正直的君子則不被容納，所以憂愁苦悶，寫下了《離騷》。「離騷」，就是遭遇憂患。有蒼天才有人類；父母是人的根本。人處于困境就會追念本原，所以勞苦疲倦到極點時，沒有不叫天的；病痛或憂傷時，沒有不叫父母的。屈原行爲正直，竭盡忠誠和智慧來侍奉君主，遭到讒邪小人的離間，可以說到了困境了！信義卻被懷疑，忠實卻被誹謗，能夠沒有怨恨嗎？屈原之所以寫《離騷》，就是因爲怨恨啊。《國風》寫男女愛情而不過分；《小雅》雖然多譏諷指責，但並不主張作亂；像《離騷》，可以說是兼有二者的長處。它對遠古稱道帝嚳，近世稱贊齊桓公，中古述說商湯和周武，用來諷刺當時朝政。闡明道德的廣闊崇高，國家治亂的原則，無不言簡意賅。他的文筆簡約，詞意隱微，他的志趣高潔，行爲廉正。所說的事物微小，但意義卻非常重大，列舉的事例雖然淺近，寓意卻十分深遠。由于志趣高潔，所以文章中多用芳香的事物比喻；由于行爲廉正，所以到死也不許自己奸邪。他獨自遠離污泥濁水，如蟬脫殼般擺脫濁穢，浮遊在塵世之外，不染塵世的骯髒，乾淨皎潔，出淤泥而不染。可以推斷，屈原的志

「望南山而流涕兮」

這句詩出自《抽思》，全詩貫穿着真切細膩的怨憤之情。

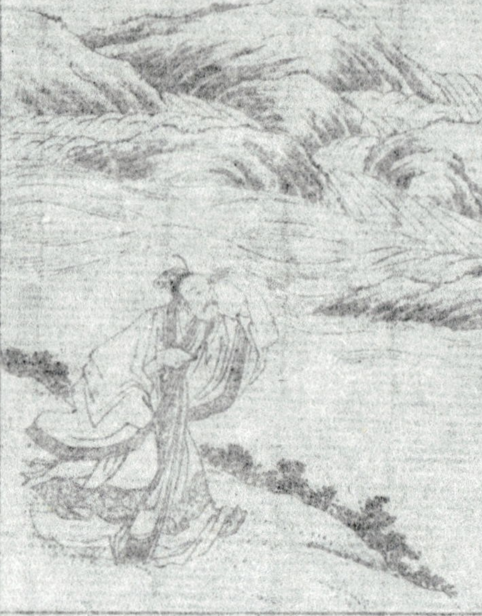

向，即使與日月同輝，也是可以的。

屈原被罷免。後來秦國準備攻打齊國，齊國和楚國合縱互相親善。秦惠王對此擔憂，就派張儀假裝離開秦國，用豐富的禮品呈獻給楚懷王，對他說：「秦國很憎恨齊國，齊國與楚國卻合縱相親；如果楚國眞能和齊國絕交，秦國願意把商、于之間的六百里土地獻給楚國。」楚懷王貪圖土地，信任了張儀，就和齊國絕交，派使者到秦國接受土地；張儀欺騙使者說：「我和楚王約定的是六里，沒聽說過六百里。」楚使氣憤地離開秦國，回去報告懷王。懷王發怒，出動大兵討伐秦國。秦國發兵反擊，在丹水和淅水一帶打敗楚軍，殺了八萬人，俘虜了楚國的大將屈匄，于是奪取了楚國的漢中。懷王又發動全國的軍隊，深入秦地攻打秦國，交戰于藍田。魏國得知楚國空虛，襲擊楚國一直打到鄧地。楚軍害怕，從秦國撤退。齊國終于因爲對楚國憤怒，不來援救，楚國陷入窘境。

第二年，秦國割漢中侵地與楚國講和。楚王說：「我不想要土地，祇希望得到張儀就甘心了。」張儀聽說後，就說：「用一個張儀來與漢中地方相抵，大王請讓我到楚國去。」到了楚國，他又用厚禮賄賂當權的大臣靳尚，讓他在懷王寵姬鄭袖面前編謊話辯解。懷王竟然聽信鄭袖，放了張儀。這時屈原

已被疏遠，不在朝中，在齊國出使，回來後，勸諫懷王說：「爲何不殺張儀？」懷王很後悔，派人追張儀卻沒有追上。

後來，各國諸侯聯合攻楚，殺了楚國將領唐昧。

這時秦昭王與楚國通婚，想和懷王見面。懷王想去，屈原說：「秦國人像虎狼一樣凶殘，不可信任。不去爲好！」懷王的小兒子子蘭勸懷王去，說：「怎麼可以拒絕秦國的好意！」懷王終于前往。一進入武關，秦國的伏兵就斷絕了懷王的後路，于是扣留懷王要求割地。懷王很憤怒，不同意，他逃往趙國，趙國因懼怕秦國不肯接納。他祇好又到秦國，最後死在那裏，屍體運回楚國。

懷王的長子頃襄王即位，任命他的弟弟子蘭爲令尹。楚國人怪罪子蘭勸懷王入秦而最終未能生還。

屈原也怨恨子蘭，雖然被流放，仍然眷戀着楚國，心裏挂念着懷王，從不忘記要返回郢都。他希望國君總有一天醒悟，惡俗會改變。他憂君憂國的情感反復表現，在《離騷》中再三表明。然而終于無可奈何，所以始終無法返回朝廷。從中也可見懷王始終沒有覺悟啊。

國君無論愚笨或聰明、賢明或昏庸，沒有不想求得忠臣、選拔賢才來輔佐自己的；然而國破家

三閭大夫卜居漁父

《卜居》揭示了屈騷精神在現實中的困境，《漁父》展示了他在困境中對自我精神的堅守。

亡的事接連發生，而聖明君主治理好國家的多少世代卻不出現，這是因爲所謂忠臣並不忠，賢臣並不賢啊！懷王因爲不懂得忠臣的職分，所以在內被鄭袖所迷惑，在外被張儀所欺騙，疏遠屈原卻信任上官大夫和令尹子蘭。軍隊被打敗，土地被侵占，失了六郡，自己也被扣留死在秦國，爲天下人恥笑。這是不瞭解人而招致的禍害。《易經》說：「井淘盡污泥，還沒有人喝井裏的水，使我心裏難過。因爲井水是供人汲飲的。君王懂得此理，天下人都能得福。」君王不賢明，怎能得到福佑！

令尹子蘭知道屈原怨恨他，非常憤怒，終于讓上官大夫在頃襄王面前誣陷屈原，頃襄王發怒，把屈原放逐到江南。

屈原到了江邊，披散頭髮，在水澤邊一面走，一面吟詩，

臉色憔悴，身體消瘦。漁翁看見他，便問道：「您不是三閭大夫嗎？怎麽到了這裏？」屈原說：「整個世界都是混濁的，衹有我清白；衆人都沉醉，獨有我清醒，因此被放逐。」漁翁說：「聖人，不受外界事物的束縛，而能與世俗相一致。整個世界都混濁，爲什麽不同流而且推波助瀾呢？衆人都沉醉，爲什麽不把酒糟吃掉，把薄酒喝掉？爲什麽要懷抱美德自命清高，卻使自己被放逐呢？」屈原說：「我聽說，剛洗過頭的人一定要彈去帽上的灰沙，剛洗過澡的人一定要抖掉衣上的塵土。誰能以清白之身，蒙受外物的污染呢！寧可投入長流的大江而葬身魚腹，又哪能使自己高潔的品質，去蒙受世俗的污蔑呢！」于是他寫了《懷沙》賦。

他抱着石頭，自投汨羅江而死。

屈原死後，楚國有宋玉、唐勒、景差等人，他們都愛好文學，而以善作賦被人稱贊。但他們衹效法屈原辭令委婉含蓄的風格，始終不敢直言進諫。在這以後，楚國日漸衰落，幾十年後，被秦國滅掉。

屈原自沉汨羅江一百多年後，漢代有個賈誼，被貶爲長沙王太傅。路過湘水時，做文章投入水中憑弔屈原。

太史公說：我讀《離騷》、《天問》、《招魂》、《哀郢》，爲屈原不得志而悲傷。到長沙，經過屈原自沉的地方，未嘗不傷心流淚，想見他崇高的爲人。見了賈誼憑弔他的文章，又奇怪屈原如果憑他的才能去遊說諸侯，哪個國家會不重用他，然而他選擇了這樣的道路。讀賈誼的《鵩鳥賦》，把生和死等同看待，不在乎得失，這又使我明白了許多道理而自感失落了！

酷吏列傳序 《史記》

題解 此篇是《史記·酷吏列傳》的序。該傳記載了十名酷吏，他們濫用刑罰、殘酷暴虐，雖然也懲罰了一些犯罪之人，但也使許多人蒙冤受屈。在這十人中，武帝朝有九人。作者並不贊成漢武帝施行過于嚴酷的刑法，而是强調治國應以道德教化爲主。

原文 孔子曰：「道①之以政，齊②之以刑，民免③而無恥；道之以德，齊之以禮，有恥且格④。」老氏⑤稱：「上德⑥不德，是以有德；下德⑦不失德，是以無德。」「法令滋章⑧，盜賊多有。」太史公曰：信哉是言也！法令者治之具，而非制治清濁之源也。昔天下之網嘗密矣，然奸僞萌起⑨，其極也，上下相遁⑩，至于不振。當是之時，吏治若救火揚沸⑪，非武健嚴酷，惡能勝其任而愉快乎！言道德者，溺其職⑫矣。故曰「聽訟，吾猶人也，必也使無訟乎」，「下士⑬聞道大笑之」，非虛言也。漢興，破觚而爲圜⑭，斫雕而爲樸⑮，網漏于吞舟之魚，而吏治烝烝⑯，不至于奸，黎民艾安⑰。由是觀之，在彼不在此。

吴楚材、吴調侯：此時非酷吏救止，安能愉少頃之快，言勢不得不然，非與酷吏也。

注釋 ①道：通「導」，引導。②齊：統一行動。③免：免于犯罪。④格：方正，規矩。⑤老氏：指老子，道家學派的創始人。以下出自《老子》第三十八章。⑥上德：指有道德的人。⑦下德：指没有道德的人。⑧滋：更加。章：嚴明，嚴酷。⑨萌起：像草木初生那樣出現，形容不斷發生。⑩遁：逃跑。⑪救火：指抱薪救火。揚沸：揚湯止沸。都用來比喻對事情没有幫助。⑫溺其職：失職，本職工作停滯，無法展開。⑬下士：指才德差的人。⑭破觚而爲圜：把方形東西的棱角去掉使其變成圓形，這裏用來比喻法度簡單厚重。觚，一種方形有棱角的酒器。圜，通「圓」。⑮斫雕而爲樸：把物品上面雕刻的花紋削掉，使其變成原來的質樸形狀。喻指

返璞歸真。⑯烝烝：興盛、美好的樣子。⑰艾安：平安。艾，通「乂」。

【譯文】孔子説：「用政令來引導，用刑法來約束，民衆規避法令但無廉恥之心；用道德來治理，用禮教來整頓，民衆有廉恥之心且守法令。」老子説：「最高尚的德不是形式上的德，這樣才有德；下德是爲了不失去德，因此就沒有德。」「法令繁多，盜賊就很多。」司馬遷説：的確如此！法令，是治理的工具，而不是治理清濁的制度的根本方法。從前天下的法網曾經非常嚴密啊，然而奸詐滋生，最嚴重時，上下相欺，致使社會秩序混亂。在這樣的時候，官吏整頓如同揚湯止沸，不是強大殘酷的官吏，怎麼能勝任其職而心情愉快呢！講道德的人，就不能展開工作了。所以説「審案時，我也跟別人一樣，一定要完全消滅訴訟」，「下士聽見眞理就加以嘲笑」，不是假話啊。漢朝興起，砍除棱角而改成圓形，去除雕鏤而歸于質樸，法網連能夠吞下船的魚也可漏掉；但是國家秩序卻蒸蒸日上，百姓不會奸詐，黎民百姓太平無事。從這看來，關鍵在于德而不在于嚴刑。

遊俠列傳序 《史記》

【題解】此篇是《史記·遊俠列傳》的序。遊俠往往忠誠守信，見義勇爲，但也因此常常違反法律，爲統治階級所不容，事跡也難以流傳。司馬遷認爲他們大部分道德高尚，對社會是有一定貢獻的，因此作傳記之。

吴楚材、吴調侯：二句以儒俠相提而論，借客形主。

【原文】韓子曰：「儒以文亂法，而俠以武犯禁。」二者皆譏，而學士多稱于世云。至如以術取宰相、卿、大夫，輔翼其世主，功名俱著于春秋，固無可言者。及若季次①、原憲，閭巷人也，讀書懷獨行君子之德，義不苟合當世，當世亦笑之。故季次、原憲終身空室蓬戶，褐衣疏食不厭②，死而已四百餘年，而弟子志之不倦。今遊俠，其行雖不軌于正義，然其言必信，其行必果，已諾必誠，不愛其軀，赴士之厄困。既已存亡死生矣，而不矜其能，羞伐其德，蓋亦有足多③者焉。

且緩急，人之所時有也。太史公曰：昔者虞舜窘于井廩④；伊尹負于鼎俎⑤；傅説匿于傅險⑥；呂尚困于棘津⑦；夷吾桎梏⑧；百里⑨飯

吳楚材、吳調侯：正見遊俠之不可無也。感嘆處，史公自道，故曲折悲憤。

在陳絶糧

牛；仲尼畏匡，菜色陳、蔡⑩：此皆學士所謂有道仁人也，猶然遭此菑，況以中材而涉亂世之末流乎？其遇害何可勝道哉！

鄙人有言曰：「何知仁義，已饗其利者爲有德。」故伯夷醜周，餓死首陽山，而文、武不以其故貶王；跖、蹻暴戾⑪，其徒誦義無窮。由此觀之，「竊鉤者誅，竊國者侯，侯之門，仁義存」，非虛言也。

今拘學或抱咫尺之義，久孤于世，豈若卑論儕俗⑫，與世浮沉而取榮名哉？而布衣之徒，設取予然諾，千里誦義，爲死不顧世。此亦有所長，非苟而已也。故士

吳楚材、吳調侯：布衣閭巷是主意，一有憑借，便不足重。故下詳言之。

窮窘而得委命，此豈非人之所謂賢豪間者邪？誠使鄉曲之俠，予⑬季次原憲比權量力，效功于當世，不同日而論矣。要以功見言信，俠客之義又曷可少哉？

古布衣之俠，靡得而聞已。近世延陵⑭、孟嘗、春申、平原、信陵之徒，皆因王者親屬，借于有土卿相之富厚，招天下賢者，顯名諸侯，不可謂不賢者矣。比如順風而呼，聲非加疾，其勢激也。至如閭巷之俠，修行砥名，聲施于天下，莫不稱賢，是爲難耳。然儒、墨皆排擯不載。自秦以前，匹夫之俠，湮沒不見，余甚恨之。以余所聞，漢興有朱家、田仲、王公、劇孟、郭解之徒，雖時扞⑮當世之文罔，然其私義，廉潔退讓，有足稱者。名不虛立，士不虛附。至如朋黨宗強比周，設財役貧，豪暴侵凌孤弱，恣欲自快，遊俠亦醜之。余悲世俗不察其意，而猥以朱家、郭解等，令與豪暴之徒同類而共笑之也。

注釋

①季次：孔子弟子公孫哀。②厭：通「饜」，滿足。③多：稱贊。④廩：糧倉。⑤伊尹：商湯賢相。俎：切肉的砧板。⑥傅說：殷王武丁的賢相。傅險：傅巖，今山西平陸東。⑦呂尚：又稱姜子牙，曾輔佐周武王滅殷建立周朝。棘津：在今河南。⑧夷吾：管仲字夷吾，春秋時齊桓公相。桎：脚鐐。梏：手銬。⑨百里：秦穆公賢相百里奚。⑩匡：春秋時衛地。陳：國名，建都于今河南淮陽。蔡：國名，在今河南、安徽一帶。⑪跖：盜跖。蹻：莊蹻，與跖都是古代的「大盜」。⑫儕俗：混同于流俗。⑬予：通「與」，給與。⑭延陵：春秋時吴國公子季札。⑮扞：觸犯。

譯文

韓非子說：「儒生用儒家的理論擾亂法律的施行，俠士憑借武力違犯禁令。」對兩者都加以譏諷，但儒生還是多被世人稱贊的。說到憑儒術獲得宰相、公卿、大夫，輔佐他們的君主，功名都寫在史冊上，本來沒什麼可說的。至于像季次、原憲這些街閭巷子中的人，讀了（聖賢）書懷抱着獨自踐行君子道德的信念，爲正義不同流于當時的世俗，當時世俗的人們也譏笑他們。因此季次、原憲終身住在家徒四壁的草棚中，連粗布衣服、簡單的食物都不充足，死去四百多年了，但（儒家的）後世弟子至今敬仰他們。現今的遊俠，他們的行爲雖不符合正統的道德標準，但是他們說的話守信，他們行動必定履行諾言，已經許諾的事必定誠心去做，不會吝惜自己的身軀，解救別人的厄運。完成了生死存亡的鬥爭後，卻不自我誇耀，羞于別人稱贊他們的德操，這也有很多值得稱贊的方面啊。

況且危急是人們不時都會遇上的。司馬遷說：從前虞朝的舜被困在井裏和穀倉裏遇到危急；伊尹背負飯鍋和砧板爲廚役；傅說曾藏匿在傅險；姜子牙困在棘津；管仲曾成爲囚犯；百里奚曾喂過牛，孔子在匡地受到生命的威脅，在陳、蔡絕糧：這都是學士們所稱道的仁人啊，他們尚且遭受這樣的災難，何況一般才能的人處在亂世的底層啊？他們遭遇的災害哪裏說得完啊！

百里奚

百里奚是秦穆公時的賢相，曾喂過牛。

俗語說：「怎樣才是仁義，誰對人有恩誰就有德行。」所以伯夷以做周朝人爲恥，餓死在首陽山，但周文王、周武王不因此而有損自己國王的聲望；盜跖、莊蹻暴戾，他們的弟子卻永遠稱頌他們的道義。由此看來，「偷竊衣帶鈎的要被殺頭，盜竊國家的成王成侯，王侯的門中，才有仁義在」，這話一點也不假啊。

當今一些人拘泥于所學把自己限定于狹隘的道義，孤立于世俗之外，還不如放下高論迎合世俗，和世事共沉浮，獲取榮耀和名聲？而平民出身的遊俠，重視獲取和給予以及承諾，他們的道義傳頌千里，即便死也不在乎世俗的看法。這也有其長處，非尋常人能夠做到的啊。所以學士們在窮困窘迫時才托付性命，這不就是人們所說的豪傑嗎？一定要讓民間遊俠跟季次、原憲比較權勢以及在社會所起的作用，自然不可同日而語。總之，憑立竿見影的效果和講話的信用來看，遊俠的道義又怎麼可以輕視呢？

古代平民遊俠，我沒有聽過傳聞。近代的延陵、孟嘗君、春申君、平原君、信陵君等人都因爲是國王的親屬，以土地和高官的富裕爲憑借，招集天下的能人，在諸侯中揚名，不能說不是賢能的人。

比如順風而呼喊，聲音沒有加大，但可傳得更遠。至于民間的遊俠，修行打造名聲，聲明遠播天下，沒有不稱賢德的，這就很難了。而儒家、墨家都排擠他們的事跡；秦朝以前，平民遊俠的事跡湮滅不見，我感到很遺憾。我所知的是漢朝興起時有朱家、田仲、王公、劇孟、郭解這樣一些人，雖然常常觸犯當時的法令，但是他們個人仁義禮讓吃虧，有足以稱贊的地方。他們的名聲不是憑空而來的，學士不會毫無緣故地依附他們。至于那些互相勾結憑宗族橫行，利用錢財奴役貧民，豪強暴徒侵犯凌辱孤寡弱小，以放縱自己的欲望爲快事的人，遊俠們也認爲那是醜惡的。我痛心世俗的人們沒有瞭解到他們的境界，而把朱家、郭解等人與暴徒豪強之徒作爲同類而一起予以嘲笑。

滑稽列傳①

《史記》

題解　此篇記錄了淳于髡、優孟、優旃這樣的滑稽人物，雖然出身微賤，但却機智善辯，善于緣理設喻，察情取譬，借事托諷，其言其行起到了與「六藝于治一也」的重要作用。文中贊揚了他們用委婉漸進的語言機智地向君王說明意見的方法，對國家做出了很大貢獻。

吳楚材、吳調侯：滑稽傳，乃從六藝莊語說來，此即史公之滑稽也。

孔子

孔子說：《詩》、《書》、《禮》、《樂》、《易》、《春秋》這六藝是用來治國的。

原文

孔子曰：「六藝于治一也：《禮》以節人，《樂》以發和，《書》以導事，《詩》以達意，《易》以神化，《春秋》以道義。」太史公曰：天道恢恢，豈不大哉！談言微中，亦可以解紛。

淳于髡者，齊之贅婿②也。長不滿七尺，滑稽多辨，數使諸侯，未嘗屈辱。齊威王之時，喜隱，好爲淫樂長夜之飲，沉湎不治，委政卿大夫。百官荒亂，諸侯並侵，國且危亡，在于旦暮，左右莫敢諫。淳于髡說之以隱曰：「國中有大鳥，止王之庭，三年不蜚又不鳴，王知此鳥何也？」王曰：「此鳥不蜚則已，一蜚沖天；不鳴則已，一鳴驚人。」于是乃朝諸縣令長七十二人，賞一人，誅一人，奮兵而出。諸侯振驚，皆還齊侵地。威行三十六年。語在《田完世家》中。

威王八年，楚大發兵加齊。齊王使淳于髡之趙請救兵，齎金百斤，車馬十駟。淳于髡仰天大笑，冠纓索絕。王曰：「先生少之乎？」髡曰：「何敢！」王曰：「笑豈有說乎？」髡曰：「今者臣從東方來，見道旁有穰田③者，操一豚蹄，酒一盂，而祝曰：『甌窶滿篝④，汙邪⑤滿車，五穀蕃熟，穰穰滿家。』臣見其所持者狹而所欲者奢，故笑之。」于是齊威王乃益齎黃金千鎰，白璧十雙，車馬百駟。髡辭而行，至趙。趙王與之精兵十萬，革車千乘。楚聞之，夜引兵而去。

威王大說，置酒後宮，召髡賜之酒。問曰：「先生能飲幾何而醉？」對曰：「臣飲一斗亦醉，一石亦醉。」威王曰：「先生飲一斗

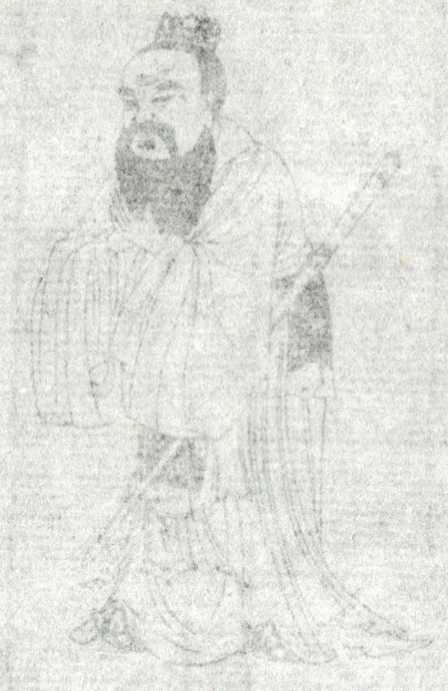

吴楚材、吴調侯：下有優孟、優旃二傳，並合贊。史公一書，上下千古，無所不有。乃忽而撰出一調笑嬉戲之文，但見其齒牙伶俐，口角香艷，另用一種筆意。

而醉，惡能飲一石哉！其說可得聞乎？」髡曰：「賜酒大王之前，執法在傍，御史在後，髡恐懼俯伏而飲，不過一斗徑醉矣。若親有嚴客⑥，髡帣韝鞠跽⑦，侍酒于前，時賜餘瀝⑧，奉觴上壽，數起，飲不過二斗徑醉矣。若朋友交遊，久不相見，卒然相睹，歡然道故，私情相語，飲可五六斗徑醉矣。若乃州閭之會，男女雜坐，行酒稽留⑨，六博投壺⑩，相引爲曹⑪，握手無罰⑫，目眙⑬不禁，前有墮珥⑭，後有遺簪⑮，髡竊樂此，飲可八斗而醉二參。日暮酒闌⑯，合尊⑰促坐，男女同席，履舄⑱交錯，杯盤狼藉，堂上燭滅，主人留髡而送客，羅襦⑲襟解，微聞薌澤⑳，當此之時，髡心最歡，能飲一石。故曰酒極則亂，樂極則悲，萬事盡然。言不可極，極之而衰。」以諷諫焉。齊王曰：「善。」乃罷長夜之飲，以髡爲諸侯主客㉑。宗室置酒，髡嘗在側。

注釋

①滑稽：指能言善辯，言辭流利無滯竭。②贅婿：戰國秦漢時，家貧賣子與人爲奴，三年不能贖還，主家以女子配之，稱爲贅婿。是當時社會地位很低的人。③穰田：耕種時設祭，祈禱田神求豐收。④甌窶：形容高地狹小之處。篝：竹籠。⑤污邪：低窪田地。⑥嚴客：尊客、貴客。⑦帣：捲着袖子。鞠跽：躬身下跪。鞠，彎曲。跽，長跪，挺直上身，雙膝着地。⑧餘瀝：殘酒。⑨稽留：延長，停留。⑩六博：古代的一種博戲，共十二粒棋子，六黑六白，故名。投壺：古代宴會的禮制，也是一種遊戲，賓主依次向一種特制的壺裏投矢，以投中多少求勝負，負者飲酒。⑪曹：輩，這裏指伙伴。⑫握手無罰：古代禮教很嚴，男女授受不親，但鄉里宴會飲酒，男女可以相互握手，不受拘束。⑬眙：瞪眼直視。⑬墮珥：落在地上的耳環。⑮遺簪：丢失的髮簪。⑯闌：盡。⑰合尊：把殘餘的酒合並在一樽。尊，同「樽」，酒杯。⑱舄：木屐。⑲羅襦：女子穿的絲織上衣。⑳薌澤：濃濃的香氣。薌，通「香」。㉑諸侯主客：接待各諸侯國賓客的官員。

譯文

孔子說：「六藝是用于治國的：《禮》用來節制人們的行爲，《樂》可以啓發和諧的感情，《書》用來記載史事，《詩》用來表達情思，《易》用來演繹事物間微妙的變化，《春秋》用來闡發微言

戒酒防微

大禹疏遠會造酒的儀狄，說：「後世必有以酒亡國者。」淳于髡諷諫威王，不應縱酒。

大義。」太史公說：天道是那樣廣闊，難道不廣闊嗎！說話隱約委婉而切中事理，也可以解決大問題。

淳于髡是齊國的入贅女婿。個子不到七尺，能言善辯，幾次出使諸侯國，從來都不辱使命。齊威王在位時喜歡隱語，喜歡整夜飲酒作樂，陷在裏面不理朝政，把政事托付給卿大夫。官吏們懈怠腐敗，諸侯國一起來犯，齊國即將危亡，就在眼前了，左右都不敢諫諍。淳于髡用隱語來勸說：「京城有一隻大鳥，栖息在大王的宮廷裏，三年不飛也不鳴叫，大王可知道這是什麼鳥嗎？」威王說：「這鳥不飛則罷，一飛就衝入雲天；不鳴叫則罷，一鳴叫就震驚世人。」于是召集全國各縣令縣長七十二人，獎賞了一個，誅殺了一個，重振軍威出戰。諸侯國都震驚了，歸還了侵占齊國的土地。從此威震各國三十六年。這事記在《田完世家》中。

齊威王八年，楚國大舉攻齊。齊王派淳于髡帶上禮物黃金百斤、車馬十套到趙國求救。淳于髡仰天大笑，連系在冠上的帶子全都斷了。齊王說：「先生怨禮物少嗎？」淳于髡說：「怎麼敢呢！」齊王說：「那你爲什麼笑呢？」淳于髡說：「剛才臣子從東方來，看見大路旁有祈求豐收的，拿着一隻豬蹄，一盂酒，禱告說：『易旱的高地糧食裝滿籠，低窪的水田糧食裝滿車，五穀茂盛豐收，裝滿糧倉。』臣子見他所拿的祭品少而要求太多，所以在笑他呢。」于是齊威王把禮物增加了黃金千鎰，白璧十雙，車馬一百套。淳于髡辭別動身，到了趙國。趙王給他精兵十萬，戰車千乘。楚國得知，連夜撤兵離去。

齊威王非常高興，在後宮辦了酒席，召見淳于髡。問道：「先生酒量多大？」回答說：「我喝一斗也醉，喝一石也醉。」威王說：「先生喝一斗就醉了，怎麼能喝一石呢！其中含義能聽聽嗎？」淳于髡說：「在大王面前，喝賞賜的酒，執法官在旁邊，御史在後邊，我心裏害怕跪倒喝酒，不過一斗已經醉了。如果家父來了貴客，我用袖套束住長袖，躬着身，在前邊侍候他們喝酒，不時賞我點多餘的

齊之，最下者與之爭。

夫山西饒材、竹、穀、纑、旄③、玉石；山東多魚、鹽、漆、絲、聲色；江南出柟、梓、薑、桂、金、錫、連、丹沙、犀、瑇瑁、珠璣④、齒、革；龍門、碣石北多馬、牛、羊、旃裘、筋角⑤；銅、鐵則千里往往山出棊置：此其大較也。皆中國人民所喜好，謠俗被服飲食奉生送死之具也。故待農而食之，虞⑥而出之，工而成之，商而通之。此寧有政教發徵期會哉！人各任其能，竭其力，以得所欲。故物賤之徵貴，貴之徵賤，各勸其業，樂其事，若水之趨下，日夜無休時，不召而自來，不求而民出之。豈非道之所符，而自然之驗耶？

吴楚材、吴調侯：方論貨殖之理，忽雜叙四方土產，筆勢奇矯。

《周書》曰：「農不出則乏其食，工不出則乏其事，商不出則三寶絕，虞不出則財匱少。」財匱少而山澤不辟矣。此四者，民所衣食之原也。原大則饒，原小則鮮。上則富國，下則富家。貧富之道，莫

之奪予，而巧者有餘，拙者不足。故太公望封于營丘，地潟鹵⑦，人民寡，于是太公勸其女功，極技巧，通魚鹽，則人物歸之，繦⑧至而輻湊。故齊冠帶衣履天下，海岱之間斂袂而往朝焉。其後齊中衰，管子修之，設輕重⑨九府，則桓公以霸，九合諸侯，一匡天下；而管氏亦有三歸，位在陪臣，富于列國之君。是以齊富強至于威、宣也。

吴楚材、吴調侯：引太公管仲，以爲貨殖之祖。

故曰：「倉廩實而知禮節，衣食足而知榮辱。」禮生于有而廢于無。故君子富，好行其德；小人富，以適其力。淵深而魚生之，山深而獸往之，人富而仁義附焉。富者得勢益彰，失勢則客無所之，以而不樂。諺曰：「千金之子，不死于市。」此非空言也。故曰：「天下熙熙，皆爲利來；天下壤壤，皆爲利往。」夫千乘之王、萬家之侯、百室之君，尚猶患貧，而況匹夫編戶之民乎！

注釋 ①芻豢：泛指各種牲畜。芻是吃草的牲畜，豢是吃糧食的牲畜。②眇：通「妙」，

微妙。③穀：楮樹，樹皮可以造紙。纑：野麻，可以織布。旄：牦牛尾，可以做旗杆上的裝飾。④連：同「鏈」，鉛礦石。玳瑁：海中動物，甲殼可做裝飾品。珠璣：分別爲圓的和不圓的珠子。⑤龍門：山名，在今山西河津西北黄河兩岸。碣石：山名，在今河北昌黎。旃：通「氈」。⑥虞：掌管山林水澤的官員。⑦舄鹵：鹽鹼地。⑧繦：穿錢的繩子。⑨輕重：指在各地貯積貨幣來調節穀價貴賤的辦法。

譯文

《老子》上說：「最清平的社會達到頂峰，鄰近國家的居民可以互相望見，鷄犬的聲音也能互相聽到，百姓們各自認爲自己的食物甘美，自己的服裝漂亮，習慣于安寧的風俗，喜愛自己的職業，直至老死之時也不相互往來。」如果一定要按照這種方法去生活，等于堵塞了人民的耳目，則是行不通的。

太史公說：神農氏以前的情況，我不瞭解。至于如《詩經》與《書經》上所描述的虞舜、夏朝以來的情況，人們總是要使自己的耳目盡情地得到音樂和女色的享受，使口嘗盡牲畜肉類的美味，身體盡量安處于舒適而快樂的環境，而內心還要炫耀權勢與才能，使這種風俗浸染百姓的思想已經很悠久了，即使用老子那樣微妙的言辭逐家逐戶地去勸導，終究也不能改變了。因此，對于人民，最高明的辦法是聽其自然，其次是引導，再次是教育他們，又其次是用法律制度來束縛，最下策是與百姓争利。

太行山以西有豐富的木材、竹子、楮木、野麻、旄牛尾和玉石；太行山以東多出魚、鹽、漆、絲和音樂、女色；江南出產楠木、梓木、生薑、桂、金、錫、鉛礦石、丹砂、犀牛角、玳瑁、珠璣、獸角、皮革；龍門山、碣石山以北多有馬、牛、羊、毛氈、毛皮和獸筋、獸角；銅、鐵則往往在千里山巒中分布，如同密布的棋子：這是物產分布的大概情況。這些物品都是中原人民所喜愛的，是百姓們衣着飲食與養生送死所需要的東西。所以，人們依賴農民耕種來供給食物，虞人開出木材，

范蠡 中國古代雖然不重視商業發展，但也出現了一些著名的商人，范蠡便是其中較爲突出的一個。

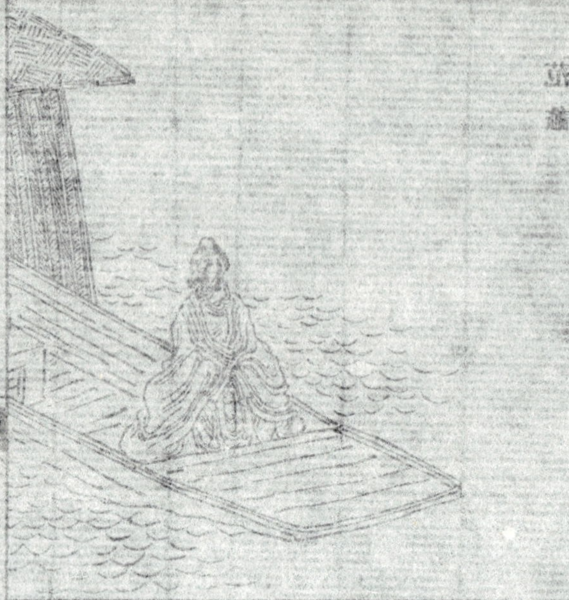

工匠做成器皿來，商人去流通這些財物。這難道還需要發布政令、徵發人民如期集會來完成嗎！人們發揮自己的才能，竭盡自己的力量，以此來滿足自己的欲望，因此，物價低廉，就尋求貴的地方賣，物價昂貴，就尋求賤的地方買，各自勤勉而致力于他們的本業，樂于從事自己的工作，如同水向低流，日日夜夜沒有休止，他們不待召喚自己就趕來，物產不需徵求而人民就將其生產出來。這難道不是合乎規律而自然發展的證明嗎？

《周書》上說：「農民不種田，食物就要匱乏，工匠不生產出器物，器物就會短缺，商人不進行流通，那麼糧食、器物、錢財就要斷絕，虞人不開發山澤，資源就會缺少。」資源缺少，山澤也就不能重新得到開發。這四種行業，是人民衣着食物的來源。源泉廣闊，就會富饒；源泉窄小，就會貧乏。上可以使國富，下可以使家富。貧富的形成，沒有人能給予或剝奪，聰明的人能使財富有餘，愚蠢的人衹能使財物不足。所以姜太公被封在營丘，那裏的土地本來是鹽碱地，人口稀少，于是姜太公就鼓勵女子紡織，極力提倡工藝技巧，把魚、鹽外運，這樣，其他地方的人民和貨物也源源不斷地來了，像錢串一般，絡繹不絕，又如車輻一般，向這裏聚集。所以，齊國生產的帽子、帶子、衣服、鞋子暢銷天下，從海濱到泰山之間的諸侯都衣袖整齊地到齊國朝拜。此後，齊國曾經衰落，管仲治理齊國，設立調整物價的九個官府，而齊桓公因此能夠稱霸，多次以霸主的雄姿盟會諸侯，使天下的政治得到匡正；而管仲自己也修築了三歸臺，他的地位在陪臣之列，卻比列國的君王還富有。從此，齊國的富強一直持續到齊威王、齊宣王時期。

所以說：「糧倉充實了，百姓才能懂得禮節，衣食豐富了，百姓才知道榮辱。」禮儀產生于富有而廢棄于貧窮。所以，君子富有了，喜歡做仁德之事；小人富有了，就把力量用在適當的地方。淵深了，裏面就會有魚，山林深了，野獸就會去那裏，人民富了，仁義也就歸附于他們了。富有者得勢，更加顯赫；失勢了，客人也不來，因此也就心情不快。諺語說：「千金之家的子弟就不會因犯法而死在市井上。」這並不是空話。所以說：「天下之人，熙熙攘攘，皆是爲利而來；天下之人，熙熙攘攘，爲利而往。」有千乘兵車的天子，有萬家封地的諸侯，有百室封邑的大夫，尚且擔心貧窮，何況編在戶口冊子上的平民呢！

太史公自序　《史記》

題解

此篇是《史記》一書序言的第二部分，以問答體的形式，表達了撰寫《史記》

的目的，是爲了完成父親臨終前的囑托，上續孔子的《春秋》，也可讓後世借鑒。同時，通過對歷史人物的評價，抒發了自己心中的憤懣之氣，表明自己以古人身處逆境、發憤著書的事跡爲榜樣，忍辱負重，創作《史記》這部巨著。

吴楚材、吴調侯：明明欲以史記繼春秋意。

原文

太史公曰：「先人有言：『自周公卒五百歲而有孔子。孔子卒後至于今五百歲，有能紹明世，正《易經》，繼《春秋》，本《詩》、《書》、《禮》、《樂》之際？』意在斯乎！意在斯乎！小子何敢讓焉。」

上大夫壺遂①曰：「昔孔子何爲而作《春秋》哉？」太史公曰：「余聞董生曰：『周道衰廢，孔子爲魯司寇，諸侯害之，大夫壅之。孔子知言之不用，道之不行也，是非二百四十二年②之中，以爲天下儀表，貶天子，退諸侯，討大夫，以達王事而已矣。』子曰：『我欲載之空言，不如見之于行事之深切著明也。』夫《春秋》，上明三王之道，下辨人事之紀，別嫌疑，明是非，定猶豫，善善惡惡，賢賢賤不肖，存亡國，繼絕世，補敝起廢，王道之大者也。《易》著天地、陰陽、四時、五行，故長于變；《禮》經紀人倫，故長于行；《書》記先王之事，故長于政；《詩》記山川、溪谷、禽獸、草木、牝牡、雌雄，故長于風；《樂》樂所以立，故長于和；《春秋》辨是非，故長于治人。是故《禮》以節人，《樂》以發和，《書》以道事，《詩》以達意，《易》以道化，《春秋》以道義。撥亂世反之正，莫近于《春秋》。《春秋》文成數萬③，其指數千。萬物之散聚，皆在《春秋》之中，弒君

伏羲

伏羲最純樸厚道，他創作了《周易》中的八卦。

吴楚材、吴調侯：所以弑君亡國及奔走，皆是失仁義之本。

三十六，亡國五十二，諸侯奔走不得保其社稷者，不可勝數。察其所以，皆失其本已。故《易》曰：『失之毫釐，差以千里』。故曰：『臣弑君，子弑父，非一旦一夕之故也，其漸久矣。』故有國者不可以不知《春秋》，前有讒而弗見，後有賊而不知。爲人臣者不可以不知《春秋》，守經事而不知其宜，遭變事而不知其權。爲人君父而不通于《春秋》之義者，必蒙首惡之名。爲人臣子而不通于《春秋》之義者，必陷篡弑之誅，死罪之名。其實皆以爲善，爲之不知其義，被之空言而不敢辭。夫不通禮義之旨，至于君不君，臣不臣，父不父，子不子。君不君則犯，臣不臣則誅，父不父則無道，子不子則不孝。此四行者，天下之大過也。以天下之大過予之，則受而弗敢辭。故《春秋》者，禮義之大宗也。夫禮禁未然之前，法施已然之後；法之所爲用者易見，而禮之所爲禁者難知。」

吳楚材、吳調侯：史公雖欲不比春秋之作，又不可得矣。史公生平學力，在史記一書，上接周孔，何等擔荷，原本六經，何等識力，表章先人，何等淵源。然非發憤鬱結，則雖有文章，可以無作。

秋》，謬矣！」

于是論次其文。七年，而太史公遭李陵之禍，幽于縲紲。乃喟然而嘆曰：「是余之罪也夫？是余之罪也夫？身毁不用矣！」退而深惟曰：「夫《詩》、《書》隱約⑧者，欲遂其志之思也。昔西伯拘羑里，演《周易》；孔子厄陳、蔡，作《春秋》；屈原放逐，著《離騷》；左丘失明，厥有《國語》；孫子臏脚，而論兵法；不韋遷蜀，世傳《呂覽》；韓非囚秦，《説難》、《孤憤》；《詩》三百篇，大抵賢聖發憤之所爲作也。此人皆意有所鬱結，不得通其道也，故述往事，思來者。」于是卒述陶唐以來，至于麟止⑨，自黃帝始。

注釋

①壺遂：漢代天文學家，官至詹事（掌皇后、太子家事），秩二千石，故稱之爲上大夫。曾與司馬遷一起編定《太初曆》。②二百四十二年：《春秋》記事起于魯隱年（前七二二年），至魯哀公十四年（前四八一年）「西狩獲麟」止，共二百四十二年。③《春秋》文成數萬：《春秋》經文有一萬八千字。西漢初，公羊學盛行，如連同公羊經傳，則有四萬四千餘字。④符瑞：古人認爲上天降示祥瑞的徵兆，與人間事物相應。⑤正朔：正，指每年的正月；朔，指每月的初一。古時改朝換代時，新登基的帝王有改正朔、易服色的措施，以表示區别于前朝的新氣象。⑥服色：指服用器物的制度和顔色。古代以爲每一王朝的更换，是「五行」遞代的反映，「五行」各有其代表顔色。如該王朝認爲是「火德」，其色就是赤。各朝代都以本朝所崇尚的顔色爲旗幟、宫廷裝飾的主色。⑦墮：同「隳」，廢棄。⑧隱約：憂患不得志。隱，憂患。約，受屈。⑨麟止：據《左傳》載，魯哀公十四年（前四八一年），魯君臣狩獵，獲得一麟。古代認爲麟是仁獸，象徵

伏羲之德

伏羲生而聖明，德合天地，代燧人氏以木德王天下。推五德之運，光理萬物，明如日月，陰陽和静，鬼神不擾。四時得節，萬物不傷，群生不夭，雖有詭智無所用之，此之謂至德。

馬陵伏弩

孫臏被挖掉膝蓋骨，于是研究兵法，有所建樹。

國君和家長卻不懂得《春秋》，一定會蒙受罪魁禍首的惡名。作爲大臣和兒子不懂得《春秋》，一定會因爲篡位和弑父而獲得被誅殺的罪名。其實，他們都以爲自己在幹好事，因爲不明白大義，受了毫無根據的批評而不敢反駁。因爲不通禮義的宗旨，以至于君不像君，臣不像臣，父不像父，子不像子。君不像君，大臣們就會犯上作亂；臣不像臣，就會遭到殺身之禍；父不像父，就是沒有倫理道德；子不像子，就是不孝敬父母。這四種行爲，是天下最大的過錯。把天下最大的過錯加在這些人身上，那麼也衹能接受而不敢推托。所以《春秋》這部書，是關于禮義的經典著作。禮的作用是防患于未然，法的作用是發生壞事後予以制裁；法的除惡作用容易見到，而禮的防患作用不易被人們理解。」

壺遂說：「孔子的時代，在上沒有英明的國君，下層的賢才俊士不被重用，所以寫了《春秋》，流傳下這部用言辭寫成的著作來判明什麼是禮義，作爲聖王的法典。現在，您上遇英明的君主，下有自己的職守，萬事俱備，都按照適當的順序進行着。您所論述的，想要說明什麼呢？」

太史公說：「對，對！錯，錯，不是這樣的。我從先父那裏聽說：『伏羲最純樸厚道，他創作了《周易》中的《八卦》；唐堯、虞舜時代的昌盛，在《尚書》上記載，禮樂自那時而興；商湯、周武王時代的興隆，詩人加以歌頌；《春秋》歌頌善人，貶斥邪惡，推崇夏、商、周三代的德政，贊美周王朝，並非全是抨擊和譏刺。』從漢朝建立以來，直到當今的英明君主，捕獲白麟，上泰山舉行祭祀天地的大典，改正曆法，更換車馬、祭牲的顏色，受命于上天，恩澤散布到遠方，四海之外與漢族風俗不同的地區，也通過幾重翻譯叩開關門，請求前來進獻物品和拜見天子，這些事多得說不完。大臣百官盡力歌頌天子的聖德，但還不能完全表達自己的心意。況且，賢士不被任用，這是國君的恥辱；天子聖德不能宣揚于天下，是主管官員的過錯。況且，我擔任太史令，如果廢棄天子的聖德不去記載，埋沒功臣、貴族、賢大夫的事跡不去記述，丟棄先父的囑托，沒有比這更大的罪過了。我所說的記述過

去的史實，整理那些相傳的史料，談不上創作，而你卻把它同孔子作《春秋》相比，就錯了。」

于是整理、編寫史料。過了七年，我因「李陵事件」而遭受災禍，被關進了監獄。于是喟然長嘆：「這是我的罪過嗎？這是我的罪過嗎？身體殘廢不會再被任用了！」事後又轉而深思：「《詩經》和《尙書》辭意含蓄，這是作者要表達他們內心的思想。當初文王被囚禁在羑里，就推演了《周易》；孔子在陳、蔡國受到困厄，就寫作《春秋》；屈原被放逐，卻寫了《離騷》；左丘明眼睛瞎了，這才有了《國語》；孫子被挖掉膝蓋骨，于是研究兵法；呂不韋謫遷蜀地，卻有《呂覽》傳世；韓非子被囚禁在秦國，《說難》、《孤憤》才產生；《詩經》三百零五篇，大多是聖賢之人爲抒發胸中的憤懣而創作的。這些人都是意氣有所鬱結，無處可以發泄，才追述過去的事，思索將來。」于是，終于記述了從黃帝開始，經唐堯，止于武帝獲麟的歷史。

報任安書①

司馬遷

題解 任安是司馬遷的朋友，司馬遷被處宮刑後，曾擔任中書令，任安寫信給司馬遷，要他利用這一機會「推賢進士」。任安因事下獄後，司馬遷給他寫了這封回信。信中，司馬遷述說了自己的遭遇，抒發了悲憤之情，對漢武帝的剛愎、嚴酷表達了不滿。還提出了「人固有一死，或重于泰山，或輕于鴻毛」的人生觀，表示將忍辱負重，完成「究天人之際，通古今之變，成一家之言」的《史記》。

原文 太史公牛馬走司馬遷再拜言②。少卿足下：曩者辱賜書，教以慎于接物，推賢進士爲務，意氣勤勤懇懇。若望僕不相師③，而用流俗人之言，僕非敢如此也。僕雖罷駑，亦嘗側聞長者之遺風矣。顧自以爲身殘處穢，動而見尤，欲益反損，是以獨抑鬱而誰與語。諺曰：「誰爲爲之？孰令聽之？」蓋鍾子期死，伯牙終身不復鼓琴。何則？士爲知己者用，女爲說己者容。若僕大質④已虧缺矣，雖才懷隨、和⑤，行若由、夷⑥，終不可以爲榮，適足以見笑而自點耳。書辭宜答，會東從上來，又迫賤事，相見日淺，卒卒無須臾之間，得竭志意。今少卿抱不測之罪，涉旬月，迫季冬，僕又薄從上雍，恐卒然不可爲諱，

吳楚材、吳調侯：言無知心之人，誰可告語。

吳楚材、吳調侯：一段文作如許曲折，看他一片心事，更無處明，而欲明向將死之友，可以想見故人交情。

是僕終已不得舒憤懣以曉左右，則長逝者⑦魂魄，私恨無窮。請略陳固陋。闕然久不報，幸勿爲過。

僕聞之：「修身者，智之符也；愛施者，仁之端也；取予者，義之表也；恥辱者，勇之決也；立名者，行之極也。」士有此五者，然後可以托于世，而列于君子之林矣。故禍莫憯于欲利，悲莫痛于傷心，行莫醜于辱先，詬莫大于宫刑⑧。刑餘之人⑨，無所比數，非一世也，所從來遠矣。昔衛靈公與雍渠⑩同載，孔子適陳；商鞅因景監⑪見，趙良⑫寒心；同子參乘，袁絲⑬變色：自古而恥之！夫中材之人，事有關于宦豎⑭，莫不傷氣，而況于慷慨之士乎？如今朝廷雖乏人，奈何令刀鋸之餘⑮薦天下之豪俊哉！

僕賴先人緒業，得待罪輦轂⑯下二十餘年矣。所以自惟：上之不能納忠效信，有奇策材力之譽，自結明主；次之又不能拾遺補闕，招賢進能，顯巖穴之士⑰；外之不能備行伍，攻城野戰，有斬將搴旗之功；下之不能積日累勞，取尊官厚祿，以爲宗族交遊光寵。四者無一，遂苟合取容，無所短長之效，可見于此矣。鄉者僕亦嘗廁下大夫⑱之列，陪奉外廷⑲末議，不以此時引綱維，盡思慮，今已虧形爲掃除之隸，在闒茸之中，乃欲仰首伸眉，論列是非，不亦輕朝廷、羞當世之士邪？嗟呼！嗟乎！如僕尚何言哉！尚何言哉！

吳楚材、吳調侯：以上叙己虧體辱親，不足薦士。答任安書中推賢進士語。

且事本末未易明也。僕少負不羈之才，長無鄉曲之譽。主上幸以先人之故，使得奉薄技，出入周衛之中。僕以爲戴盆何以望天⑳，故絶賓客之知，亡家室之業，日夜思竭其不肖之才力，務一心營職，以求親媚于主上。而事乃有大謬不然者。

夫僕與李陵俱居門下，素非能相善也。趨舍異路，未嘗銜杯酒，接殷勤之餘歡。然僕觀其爲人，自守奇士：事親孝，與士信，臨財

吴楚材、吴調侯：此下言李陵之勝敗，曲折周悉。

廉，取予義，分别有讓，恭儉下人，常思奮不顧身，以殉國家之急。其素所蓄積也，僕以爲有國士之風。夫人臣出萬死不顧一生之計，赴公家之難，斯已奇矣。今舉事一不當，而全軀保妻子之臣，隨而媒孽其短，僕誠私心痛之。且李陵提步卒不滿五千，深踐戎馬之地，足歷王庭㉑，垂餌虎口，横挑强胡，仰億萬之師，與單于連戰十有餘日，所殺過當。虜救死扶傷不給，旃裘之君長咸震怖，乃悉征其左、右賢王，舉引弓之人，一國共攻而圍之。轉鬭千里，矢盡道窮，救兵不至，士卒死

淮陰侯

韓信被封爲楚王，却在陳地戴上了刑具。

傷如積，然陵一呼勞軍，士無不起，躬自流涕，沬血飲泣，更張空弮㉒，冒白刃，北嚮争死敵者。陵未没時，使有來報，漢公卿王侯皆奉觴上壽。後數日，陵敗書聞，主上爲之食不甘味，聽朝不怡，大臣憂懼，不知所出。僕竊不自料其卑賤，見主上慘愴怛悼，誠欲效其款款之愚，以爲李陵素與士大夫絶甘分少，能得人之死力，雖古之名將，不能過也。身雖陷敗，彼觀其意，且欲得其當而報于漢。事已無可奈何，其所摧敗，功亦足以暴于天下矣。僕懷欲陳之而未有路，適會召問，即以此指推言陵之功，欲以廣主上之意，塞睚眦之辭。未能盡明，明主不深曉，以爲僕沮貳師㉓，而爲李陵遊説，遂下于理㉔。拳拳之忠，終不能自列，因爲誣上，卒從吏議㉕。家貧，貨賂不足以自贖；交遊莫救視，左右親近不爲一言。身非木石，獨與法吏爲伍，深幽囹圄之中，誰可告愬者！此正少卿所親見，僕行事豈不然乎？李陵

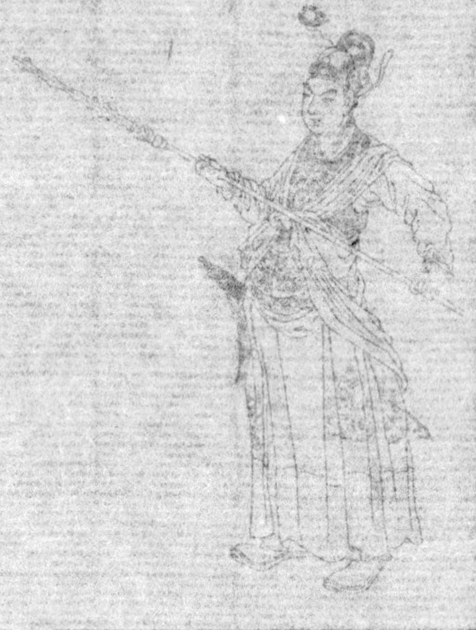

吳楚材 吳調侯：此段總結上兩段，下乃專敘己所以不自引決之意。

旣生降，頹其家聲，而僕又佴之蠶室[26]，重爲天下觀笑。悲夫！悲夫！事未易一二爲俗人言也。

僕之先，非有剖符丹書之功[27]，文史星曆[28]，近乎卜祝[29]之間，固主上所戲弄，倡優所畜，流俗之所輕也。假令僕伏法受誅，若九牛亡一毛，與螻蟻何以異？而世俗又不能與死節者次比，特以爲智窮罪極，不能自免，卒就死耳。何也？素所自樹立使然也。人固有一死，或重于泰山，或輕于鴻毛，用之所趨異也。太上不辱先，其次不辱身，其次不辱理色，其次不辱辭令，其次詘體受辱，其次易服受辱，其次關木索，被箠楚受辱，其次剔毛髮、嬰金鐵受辱，其次毀肌膚、斷肢體受辱，最下腐刑極矣！傳曰：「刑不上大夫。」此言士節不可不勉勵也。猛虎處深山，百獸震恐，及在檻阱之中，搖尾而求食，積威約之漸也。故士有畫地爲牢，勢不可入；削木爲吏，議不可對，定計于

鮮也。今交手足，受木索，暴肌膚，受榜箠，幽于圜牆之中。當此之時，見獄吏則頭搶地，視徒隸則心惕息。何者？積威約之勢也。及以至是，言不辱者，所謂強顏耳，曷足貴乎？且西伯，伯也，拘于羑里[30]；李斯，相也，具于五刑[31]；淮陰[32]，王也，受械于陳；彭越、張敖，南面稱孤，繫獄抵罪；絳侯誅諸呂，權傾五伯，囚于請室[33]；魏其[34]，大將也，衣赭衣[35]，關三木[36]；季布爲朱家鉗奴[37]；灌夫受辱于居室。此人皆身至王侯將相，聲聞鄰國，及罪至罔加，不能引決自裁[38]，在塵埃[39]之中。古今一體，安在其不辱也？由此言之，勇怯，勢也；強弱，形也。審矣，何足怪乎？夫人不能早自裁繩墨[40]之外，以稍陵遲，至于鞭箠之間，乃欲引節，斯不亦遠乎！古人所以重施刑于大夫者，殆爲此也。夫人情莫不貪生惡死，念父母，顧妻子。至激于義理者不然，乃有所不得已也。今僕不幸，早失父母，無兄弟之親，

吳楚材　吳調侯：凡作無數跌宕，方說出作史記本意。筆勢何等迂迴。

退修詩書

魯定公時，季孫氏僭越公室，大臣們掌握了祭祀、征伐等國家政事。面對這種禮崩樂壞的局面，孔子退而修詩。

獨身孤立，少卿視僕于妻子何如哉？且勇者不必死節，怯夫慕義，何處不勉焉？僕雖怯懦，欲苟活，亦頗識去就之分矣，何至自沈溺縲紲㊶之辱哉！且夫臧獲婢妾㊷，猶能引決，況僕之不得已乎？所以隱忍苟活，幽于糞土之中而不辭者，恨私心有所不盡，鄙陋沒世而文采不表于後世也。

古者富貴而名磨滅，不可勝記，唯倜儻非常之人稱焉。蓋文王拘而演《周易》；仲尼厄而作《春秋》；屈原放逐，乃賦《離騷》；左丘失明，厥有《國語》；孫子臏脚，兵法修列；不韋遷蜀，世傳《呂覽》；韓非囚秦，《說難》、《孤憤》；《詩》三百篇，大抵聖賢發憤之所爲作也。此人皆意有所鬱結，不得通其道，故述往事，思來者。及如左丘無目，孫子斷足，終不可用，退而論書策，以舒其憤，思垂空文以自見。僕竊不遜，近自托于無能之辭，網羅天下放失舊聞，略考其事，綜其終始，稽其成敗興壞之理。上計軒轅，下至于茲，爲十表，本紀十二，書八章，世家三十，列傳七十，凡百三十篇。亦欲以究天人之際，通古今之變，成一家之言。草創未就，會遭此禍，惜其不成，是以就極刑而無慍色。僕誠已著此書，藏之名山，傳之其人，通邑大都，則僕償前辱之責，雖萬被戮，豈有悔哉！然此可爲智者道，難爲俗人言也！

且負下未易居，下流多謗議。僕以口語遇遭此禍，重爲鄉黨所戮笑，以污辱先人，亦何面目復上父母之丘墓乎？雖累百世，垢彌甚

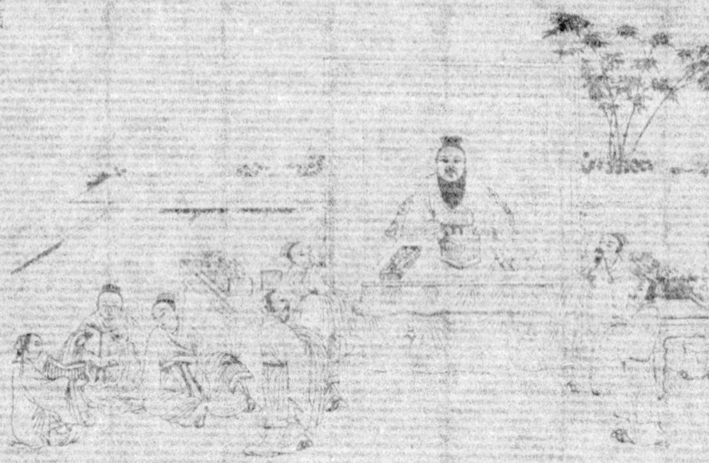

吴楚材、吴調侯：此書反復曲折，首尾相續，叙事明白，豪氣逼人。其感慨嘯歌，大有燕趙烈士之風。憂悲幽思，則又直與離騷對壘。文情至此極矣。

耳！是以腸一日而九回，居則忽忽若有所亡，出則不知其所往。每念斯恥，汗未嘗不發背霑衣也。身直爲閨閤之臣⑬，寧得自引深藏巖穴邪？故且從俗浮沉，與時俯仰，以通其狂惑。今少卿乃教以推賢進士，無乃與僕私心刺謬乎？今雖欲自雕琢，曼辭以自飾，無益于俗，不信，適足取辱耳。要之死日，然後是非乃定。書不能悉意，略陳固陋。謹再拜。

注释

①任安：字少卿，滎陽人。曾任郎中、益州刺史、北軍使者護軍等官，與司馬遷是朋友。②太史公：這裏指作者自己。牛馬走：像牛馬一樣奔走的僕役，司馬遷自稱的謙詞。③相師：效法他人的意見行事。④大質：身體。⑤隨、和：指隨侯之珠與和氏之璧。⑥由、夷：指許由與伯夷。他們兩人都是被人稱贊的品德高尚的人。⑦長逝者：指任安。⑧宫刑：殘壞男子生殖器的酷刑，也稱腐刑。中國古代五刑之一。⑨刑餘之人：受刑後得到餘生的人。⑩雍渠：衛靈公寵幸的宦官。衛靈公外出時，與雍渠同坐在一輛車上，而讓孔子坐在後面的

另一輛車上，孔子以爲恥，離衛而去。⑪景監：秦孝公的宦官。⑫趙良：秦國隱士。商鞅相秦十年，宗室貴族大都怨恨他，這時趙良勸説商鞅激流引退，以避免禍難。⑬袁絲：袁盎。西漢大臣，歷任齊相、吴相。⑭宦豎：對宦官的賤稱。⑮刀鋸之餘：指受過宫刑的自己。⑯輦轂：指皇帝的車駕。代指皇帝身邊。⑰巖穴之士：指隱居山野的賢士。⑱下大夫：指太史令之職。周代太史屬下大夫。⑲外廷：也稱外朝。漢代把官員分爲外朝與中朝。外朝是丞相以下的正規行政官員。國家疑難大事由外朝官員討論。⑳戴盆何以望天：比喻忙于職守，無暇他顧。㉑王庭：指匈奴單于的居處。㉒空拳：没有箭的弓。㉓貳師：指李廣利。李廣利是漢武帝寵妃李夫人之兄。這次與匈奴的戰役是李陵與李廣利領兵，但李廣利没有派援兵援救李陵，使李陵兵敗。司馬遷爲李陵説話，故漢武帝認爲他有意中傷貳師將軍。㉔理：廷尉，是掌管訴訟的官。㉕吏議：法庭官吏的判决。㉖蠶室：這裏指受了宫刑後居住的温暖、密閉的房間。㉗剖符：漢代皇帝給功臣的憑證。丹書：丹書鐵券。鐵制的卷契，用硃砂書寫誓言，故稱丹書。得到剖符丹書的功臣，子孫有罪可得赦免。㉘文史星曆：太史令掌管的史籍和天

李夫人

漢武帝寵妃，其兄爲貳師將軍李廣利。

文、曆法、文籍。㉙卜祝：負責占卜和祭祀的官。㉚羑裏：商紂王時商朝的監獄所在地。故址在今河南湯陰。㉛五刑：割鼻、斬左右趾、笞殺、梟首、菹骨肉于市。㉜淮陰：指韓信，漢初諸侯王。淮陰（今江蘇清江西南）人。秦末農民起義爆發後，投奔項梁，後屬項羽。楚漢戰爭期間，歸屬劉邦，被任爲大將，被封爲齊王。項羽失敗後，漢朝建立時，改稱爲楚王。㉝請室：漢代囚禁有罪官吏的監獄。㉞魏其：魏其侯竇嬰，漢景帝時大將軍。㉟赭衣：古代囚服爲赭色。㊱三木：指加在頸、手、足三處的刑具，即枷、梏、桎。㊲季布：楚人。楚漢戰爭時，爲項羽部將。朱家：漢初魯人。以「任俠」聞名，大量藏匿豪傑和亡命者，在關東地區勢力很大。劉邦即

位後，追捕季布，季布匿其家爲奴。後設計使季布得解脫。鉗：以鐵束頸。㊳引决：自殺。自裁：自殺。㊴塵埃：比喻卑賤污穢的地方。㊵繩墨：指國家法令。㊶縲紲：捆綁犯人的繩索，引申爲囚禁。㊷臧獲婢妾：泛指奴僕。臧是男奴，獲、婢、妾都是女奴。㊸閨合之臣：宦官。閨、閤都是婦女住所，指代後宮。合，同「閤」。

譯文

太史公，像牛馬般奔走的司馬遷再拜陳說。少卿足下：前些時承蒙您給我寫信，教導我要順應時世來處理事情，把推舉人才當作責任，信中辭意和語氣誠懇而眞摯。好像在抱怨我不聽從您的意見，卻隨着世俗人的意見而改變主張，我是不敢這樣做的。我雖然平庸無德，但也曾聽說品德高尚的長者遺風。衹是自以爲身體殘廢、地位下賤，一行動就受人責難，想做點貢獻反把事情搞壞，所以才心情沉悶，無人訴說。諺語說：「爲誰做呢？又讓誰聽呢？」鍾子期死後，伯牙終身不再彈琴。爲什麼呢？因爲士人衹爲瞭解自己的人效力，女子衹爲喜歡自己的人打扮。至于我身體已經殘缺，即使才能像隨侯珠、和氏璧那樣可貴，行爲又像許由、伯夷那樣高潔，還是不可自以爲光彩，這樣反而會被人恥笑以致自取侮辱。您的來信本該及時答復，但恰逢我跟從皇上東巡歸來，又忙于煩瑣的事務，

彼此相見的機會很少，忙忙碌碌沒有片刻的空閑可以說明我的心意。現在，您遭遇難以想象的罪過，一個月後就接近十二月了，而我又將被迫跟從皇上到雍地去，擔心您會突然遭到不幸，那樣我就永遠不能把心中的憤懣向您訴說，而您的在天之靈會抱恨無窮的。請讓我大概地陳述一些褊狹、淺陋之見。隔了這麼長時間不給您回信，請不要責備。

曾聽說：「加強自我的修養是智慧的倉庫；樂于施捨是仁的開端；獲取和給予恰當是守義的標志；以被侮辱爲可恥是是否具備勇敢的標準；建立功名是行動的最高目標。」士人具備了這五條，可以立足于社會，躋身于君子的行列。所以，禍患沒有比貪利更悲慘了，悲哀沒有比傷心更痛苦了，行爲沒有比祖先受辱更難堪了，而恥辱沒有比受宮刑更嚴重了。受過宮刑的人，不能同正常人相提並論，不僅現在是這樣，歷史上由來已久。從前，衛靈公和雍渠同車，孔子就出走陳國；商鞅通過景監被秦孝公召見，趙良就替他擔憂；趙談爲漢文帝參乘，袁盎就勃然變色：自古以來人們就鄙視宦官！一般的人，祇要事情同宦官有關，沒有不自感羞恥的，更何況慷慨激昂的人呢？如今朝廷雖然缺乏人才，又怎麼會讓受過宮刑的人來推薦天下的賢士英俊呢！

我依靠先人未竟的學術事業，得以在京師任職，已二十餘年。所以我想：對上，不能效盡自己的忠信，獲得有策略和才能的聲譽，而取得皇上的賞識；其次，又不能爲皇上拾遺補闕、彌補缺失、招納賢才、引進能人，使隱居賢人揚名于世；對外不能參加軍隊攻城野戰，建立斬將拔旗的功勳；對下不能累積年資和功勞，獲取高官厚祿，使宗族和朋友增光。這四條沒有一方面有成就，不過是勉強容身，沒有或大或小的功勞，也就由此可見了。從前，我也曾置身于下大夫的行列，侍奉在朝廷上發表一些微議，不在那時伸張國家的法度，竭盡智謀，到現在形體已殘，當了一名打掃臺階的差役，身處下賤之輩的行列，卻要昂首揚眉，評論是非，不是輕視朝廷、羞辱當今的士人了嗎？唉！唉！像我這樣的人，還說什麼呢！還說什麼呢！

而且事情的本末不容易弄明白。我少年時自恃有高遠的才華，但長大後並沒有在故鄉獲得好名聲。幸虧皇上因爲我祖先的關係，使我得以奉獻微薄的技能，出入于宮廷。我以爲頭上戴了木盆怎麼能夠望見天空，所以斷絕與賓客的交往，忘記家庭的私事，日夜思考竭盡自己微薄的才力，恪盡職守，以求得皇上的親近和信任。但是，事情卻並非如此。

我與李陵，同在宮中任職，素來不是好朋友。彼此的好惡不同，未曾在一起喝過一杯酒，盡情地歡樂。然而，我觀察李陵的爲人，的確是個出衆之人；他侍奉父母很孝順，結交士人守信用，遇到錢財廉潔奉公，獲取和給予都按禮儀辦，懂得尊卑長幼而能謙讓，恭敬節儉，甘居人後，常想奮不顧身地獻身于國家的急難。他這些長期養成的美德，我以爲有國士的風度。一個大臣出于寧肯萬死而不求一生的意念，奔赴國家的危難，已經很難得了。現在辦事一有不當，那些衹會保全自己和家室的大臣緊跟着就誇大他的短處，對此我感到痛心。況且李陵帶領不到五千步兵，深入敵方陣營，到達匈奴王駐地，在虎口垂餌誘敵，勇猛地向強悍的匈奴挑戰，向群山之間的敵軍發起進攻，與匈奴王接連戰鬥了十多天，所殺敵人超過了自己將士的人數。以致敵寇救死扶傷都來不及。匈奴的君主、長官們都震驚了，于是全數調集了左、右賢王的軍隊，動用擅長弓箭的百姓，全國一起圍攻李陵。李陵轉戰數千里，箭矢用盡，兵退絕境，而救兵不至，死傷的士卒堆積遍地，但衹要李陵振臂一呼，士兵沒有不強撑起身體，流着眼淚，血流滿面，以淚解渴，拉開沒有箭的空弓，冒着敵人的鋒刃，爭着嚮北與敵人死鬥。當李陵的軍隊還沒有覆沒時，信使來報捷，朝中的公卿王侯都向皇上祝賀。幾天後，李陵兵敗的奏書傳來，皇上爲此吃飯無味，聽政也悶悶不樂，大臣們擔心害怕，不知該怎麽辦。我不再多考慮自己的卑賤，見皇上傷心痛苦，實在想獻上自己誠懇的意見，我以爲李陵對待部下能夠先人後己，因此能贏得部下以死力效勞，即使是古代的名將也不如他。他雖因兵敗被俘獲，但看他的用意，是想要尋找一個適當的機會來報效漢朝。這件事已經無可奈何，但他曾打敗敵人的功勞也足以頒布天下了。我想把這些說給皇上聽，卻沒有機會，正逢皇上召見，我就用這些意思論述李陵的功績，想以此來寬慰皇上的胸懷，堵塞那些怨恨李陵的言辭。我沒能徹底表達明白，以致聖主不能進一步瞭解，反以爲我在詆毀貳師將軍而爲李陵開脫，于是把我送廷尉那裏審判。耿耿忠心，終于無法自我表白，被定了欺蒙皇上的罪名，皇上終于聽從了獄吏的判決。我因爲家貧，錢財不足以爲自己贖罪；朋友無力救援，皇上身邊的人也不爲我說一句求情的話。我不是木石，卻讓我同執法的獄吏一起相處，被關押在監獄之中，心中的痛苦可以向誰訴說！這些正是您親眼看到的，我做事難道不是這樣嗎？李陵既然已經活着投降了，敗壞了他家族的聲譽，而我被關在蠶室，又被天下之人恥笑。可悲啊！可悲呀！這些事情是不容易對世俗之人說清的。

我的祖先並沒有受賜剖符丹書的功勳，掌管文史書籍和天文曆法，與掌管占卜和祭祀的官員類似，本來就是被皇上戲弄、像樂工伶人一樣養着，爲世俗所看不起的。假如我受到法律的制裁被殺，就像九頭牛身失去一毛，與殺死一隻螻蟻有何不同呢？而世人又不會把我比之于堅持氣節而死的人，衹認爲我是智謀不足而又罪大惡極，無法逃脫，終于被殺而已。爲什麼呢？因爲我的職業從來就被人輕視。人必然有一死，有的死比泰山還重，有的死比鴻毛還輕，這是因爲死的目的不一樣。首先，不使祖先受辱；其次，自己身體不受辱；其次，不使自己的顏面受辱；其次，不因言辭違禮而受辱；其次，被捆縛受辱；其次，被囚禁受辱；其次，戴刑具被人抽打受辱；其次，或剃光了頭、或戴鐵圈受辱；其次，毀壞肌膚、截斷四肢受辱；最下等的就是宮刑，這是達到極點了！書中說：「刑罰不能加于大夫以上。」這是說不可以磨礪士大夫的節操。猛虎處在深山中，百獸爲之驚恐，等到它落進了陷坑、關進了籠子，就搖着尾巴乞求食物，這是威力逐漸制約它的結果。所以，在地上劃圈爲牢，有的士人必不肯進去；用木頭削成獄吏，氣節之士也決不受它審訊，他們的打算非常的明確。現在，捆了手腳，戴着木枷、繩索，肌肉、皮膚暴露在外，被杖打，關押在監獄之中。這時，見到獄吏就叩頭觸地，見到獄卒就惶恐不敢喘息。爲什麼呢？這是受到威逼而逐漸形成的。已經到了這種地步，還說自己沒有受辱，就是所謂厚着臉皮了，還有什麼尊貴可言呢？況且，西伯，是一方諸侯之長，卻被拘禁在羑里；李斯，是秦朝的丞相，卻受五種刑罰；淮陰侯被封爲楚王，卻在陳地戴上了刑具；彭越、張敖，曾南面封王，卻下獄判罪；絳侯誅殺了諸呂，權力超過了春秋五霸，卻被囚禁于請室；魏其侯是大將軍，卻穿上囚衣，戴上了三枷；季布賣身給朱家做奴隸；灌夫關在居室中受辱。這些人都位至王侯將相，名聲傳到鄰國，等到犯罪落入法網，不能果斷自殺，結果落在骯髒的塵埃之中。古今相同，怎麼能不受到侮辱呢？由此而言，勇敢和膽怯，都是具體形勢造成的。明白這一點，還有什麼值得奇怪的呢？況且，人不能在受到法律制裁之前就已自殺，而逐漸受挫，到了遭受鞭打的時候，才想到要以自殺來保持節操，這不是太晚了嗎！古人之所以不輕易對大夫施刑，大概就是這個原因。人之常情都是熱愛生命，害怕死亡，思念父母，顧及妻兒的。至于被正義和眞理激動起來的人就不是這樣了，他們有不得已之處。現在我不幸，雙親早亡，沒有兄弟姐妹，獨自一人孤單地生活，您看我對妻兒的態度怎樣？勇敢的人不一定爲了名節而死，怯懦的人仰慕高義，什麼時候不在勉勵自己呢？我雖然怯弱，想苟活

偷生，但也知道捨生取義之理，怎麽會自甘沉溺于牢獄的侮辱之中！就是奴婢還能夠自殺，更何況像我這樣處于不得已的境地呢？我之所以暗暗地忍受，苟活下來，關在糞土般污穢的監獄裏而不肯去死，是因爲遺憾于自己心中還有未實現的理想，若在屈辱中死去，我的文章著述就不能流傳于後世了。

古時富貴而名聲埋沒不傳的人，多得無法記載，衹有卓越非常的人才能流芳百世。西伯被拘禁而推演出《周易》；孔子處于困境而寫成了《春秋》；屈原被放逐才創作了《離騷》；左丘失明，才完成了《國語》；孫臏膝蓋骨被剜去，撰修了《孫臏兵法》；呂不韋謫遷蜀地，《呂覽》卻流傳于世；韓非在秦國被捕，這才有了《說難》、《孤憤》；《詩經》共三百篇，大都是聖人賢士抒發內心的憤懣而寫作的。這些人都是情意鬱結，理想難以實現，所以才追述往事，而寄希望于將來。至于像左丘明眼瞎，孫臏腿斷，永遠不可能被重用了，退下來著書立說以抒發心中的憤懣，希望文章能夠流傳後世，來表現自己。我不自量力，最近靠着拙劣的文字，收集記載了散失于天下的歷史傳聞，考證史實，推究歷史上成敗、興衰的規律。上至黃帝，下到當今，寫成表十篇，本紀十二篇，書八篇，世家三十篇，列傳七十篇，共一百三十篇。也就是想弄清自然和人之間的關係，弄通自古至今的變化，成爲一家之言。草稿尚未完成，正好遇上那場大禍，我痛惜全書未完，所以受到嚴酷的刑罰也毫無怨色。如果我寫成那本書，把它藏在名山之中，傳給理解我的人，在四通八達的都市裏散布，這樣，我就償還了從前被侮辱的舊債，即使被千刀萬剮，又有什麽可後悔的呢！然而，這些話衹能對有智慧的人說，難以同一般人講。

再說，背着污辱之名的人在社會上不容易安生，地位卑賤的人常常被誹謗、議論，我因爲說話遭到了這次災禍，深深地被故鄉人恥笑，玷污了祖先，又有什麽臉面去給父母親上墳呢？即使百代之後，恥辱也衹會加重！所以我天天非常痛苦，居家則恍恍惚惚、若有所失，出門則不知要到何處去。每當我想起那種恥辱，就汗流浹背，浸濕了衣服。我簡直已經成了宦官，怎麽能夠自己引退山林巖穴中去呢？所以暫且隨波逐流，見機行事，以抒發內心的憤怒與矛盾。現在少卿卻教我推舉賢士，不正與我內心的想法相違背嗎？現在即使我想要修飾打扮，用美妙的言辭爲自己解脫，也無濟于事，不會讓一般人相信，不過是自取侮辱。總而言之，到我死後才能確定是非。信中不能盡情表達心意，所以簡略地陳述我狹淺之見。謹再拜。